L'homme sur l'océan

Un livre sur les bateaux et les navires

RM Ballantyne

Writat

Cette édition parue en 2023

ISBN : 9789359255576

Publié par
Writat
email : info@writat.com

Contenu

Chapitre un.

Friandises des navires en général.

Il n'y a peut-être pas d'engin au monde plus merveilleux qu'un navire – un navire gigantesque, bien équipé et bien équipé !

Ceux qui considèrent les objets familiers de l'art et de la nature comme de simples évidences et ne se donnent pas la peine de sortir des sentiers battus de la pensée quotidienne ne ressentiront peut-être pas au premier abord la force ou n'admettront pas la vérité de cette affirmation. Que ces gens s'efforcent de sortir vigoureusement des sentiers battus de la pensée quotidienne. Laissez-les froncer les sourcils et serrer les dents, et regarder fixement le feu ou le ciel, et essayer de comprendre ce qu'implique l'idée d'un navire.

Qu'auraient dit les hommes d'autrefois, si vous leur aviez dit que vous aviez l'intention de prendre cette grande maison en bois, de la lancer sur la mer et de vous y promener hors de vue de la terre pendant quelques jours ? « Pauvre garçon, auraient-ils répondu, tu es fou ! Ah ! Beaucoup de sages philosophes ont été considérés comme fous, non seulement par les hommes du passé, mais aussi par les hommes des temps modernes. Cette idée « folle » s'est réalisée depuis longtemps ; car qu'est-ce qu'un navire sinon une maison en bois faite pour flotter sur la mer et naviguer avec ses occupants ici et là, à la volonté de l'esprit directeur, sur un océan instable et sans trace pendant des mois entiers ? C'est un hôtel mobile autonome sur la mer. C'est une oasis dans le désert des eaux, si habilement conçue qu'elle est capable d'avancer contre le vent et la marée, et de survivre aux tempêtes les plus violentes, à la fureur la plus amère des vents et des vagues. C'est la résidence d'une communauté dont le pays est pour le moment l'océan ; ou, comme dans le cas du bateau à vapeur *Great Eastern* , c'est une *ville* de quelques milliers d'habitants lancée sur les profondeurs.

Les navires sont comme les étincelles électriques du monde, au moyen desquelles la surabondance des différents pays est transportée pour combler, réciproquement, les vides de chacun. Ils ne sont pas seulement les moyens de communication entre les différentes familles de la race humaine, grâce auxquels nos rivages s'enrichissent des produits d'autres terres, mais ils sont également porteurs de trésors inestimables de connaissances d'un climat à l'autre et de la lumière de l'Évangile au monde . extrémités de la terre.

Sans les navires, nous n'aurions jamais dû entendre parler des merveilles des îles coralliennes et des beautés du Sud doré, ni des phénomènes et des tempêtes du Nord glacial. Mais pour les navires, les aventures et les périls passionnants de Magellan, Drake, Cook, etc., n'avaient jamais été rencontrés ; et même le célèbre Robinson Crusoé lui-même n'avait jamais réjoui, attristé et affolé romantiquement le cœur de la jeunesse avec ses évasions, ses combats, ses perroquets et sa philosophie, comme il le fait maintenant et comme il continuera de le faire jusqu'à ce jour. la fin des temps.

Nous pensons donc que certains récits de navires et de bateaux, accompagnés d'anecdotes illustrant les périls auxquels ils sont fréquemment exposés, ne manqueront pas d'intéresser tous, en particulier les garçons, pour l'édification particulière desquels nous écrivons maintenant. Les garçons, parmi toutes les créatures de ce monde, sont passionnément friands de bateaux et de navires ; ils les fabriquent de toutes formes et de toutes tailles, avec toutes sortes d'outils, et se coupent les doigts au cours de cette opération, comme nous le savons par leur première expérience personnelle. Elles les naviguent et mouillent ainsi leurs vêtements, au grand chagrin bien connu de toutes les mamans sensées. Ils les perdent aussi et leur brisent presque le cœur devant la calamité. Ils font des petits quand ils sont petits, et des grands quand ils grandissent ; et lorsqu'ils grandissent, il leur arrive souvent d'abandonner le jouet pour la réalité, de s'embarquer dans quelque noble embarcation et d'épouser la mer agitée.

Un mot à votre oreille, lecteur, à ce stade. Ne pensez pas que parce que vous tombez amoureux d'un *navire* , vous tomberez naturellement et forcément amoureux de la *mer* ! Certains le font, d'autres non : avec ceux qui le font, c'est bien ; avec ceux qui ne le font pas et qui partent pourtant en mer, il est remarquablement malade. Pensez *philosophiquement* à « aller en mer », mes gars. Essayez honnêtement de résister à votre propre inclination *le plus longtemps possible* et n'y allez que si vous constatez que *vous n'y pouvez rien* ! Dans un tel cas, vous constaterez probablement que vous êtes fait pour cela, pas autrement. Nous aimons la mer d'une affection véritable et profonde, et nous sommes souvent ballottés sur ses vagues écumantes ; mais nous ne souhaitons pas être marins, en aucun cas !

Et maintenant, les garçons, venez, et nous vous conduirons aussi agréablement et avec profit que possible depuis le berceau d'un navire, à travers toute son existence orageuse, jusqu'à sa tombe.

Chapitre deux.

Les premiers jours des voyages sur l'eau.

Il était une fois il n'y avait pas de bateaux. Les hommes ne connaissaient pas le sens du mot ; ils n'en voulaient pas; et pendant de très nombreux siècles, les mouettes eurent l'océan pour elles seules. Mais *les bateaux* sont d'une date très ancienne. Sans aucun doute, les *premiers* bateaux ont dû être construits par les *premiers* hommes qui ont habité sur terre. Il s'agissait probablement, car nous sommes maintenant au pays des conjectures, de souches d'arbres tombés ou de fagots de joncs, assis à califourchon sur lesquels les descendants immédiats de nos premiers parents se transportaient sur de petits lacs et à travers des rivières.

Les pieds mouillés ne sont en aucun cas agréables. Nous pouvons concevoir que des voyages prolongés effectués de cette manière, disons plusieurs centaines de mètres ou un mille, rendaient ces marins primitifs si mal à l'aise, qu'ils résolurent d'améliorer leur condition ; et, après mûre réflexion, il eut l'idée d'attacher plusieurs bûches ensemble au moyen de brindilles, et ainsi elles formèrent *des radeaux* .

À mesure que le temps passait et que les hommes commençaient à faire preuve de sagesse dans la fabrication d'outils en pierre et dans le moulage du

AN ANCIENT MARINER.

métal, on peut imaginer qu'ils songèrent bientôt à aplatir la surface de leurs radeaux ; et puis, les trouvant encombrants et difficiles à manier, ils eurent sans doute l'idée de creuser les bûches. Les herminettes n'ont probablement pas été inventées à cette époque, aussi se sont-ils tournés vers l'élément feu, qui est aujourd'hui utilisé par les nations sauvages dans le même but, et ont brûlé l'intérieur de leurs bûches. Ainsi *les canoës* ont vu le jour.

Mais ces canots étaient encombrants et lourds, en plus d'être susceptibles de se fendre ; les hommes s'avisèrent donc de construire une charpente légère en bois, qu'ils recouvrirent d'écorce ou de peau. Puis les artisans du fer inventèrent les scies ; des bûches ont été déchirées ; des planches se formèrent ; la poix suintait des arbres à portée de main ; avec de l'herbe, peut-être, ils calfeutraient les coutures ; et bientôt le premier *bateau* flotta sur l'eau — maladroit et semblable à une cuve, sans doute, mais utile en même temps — et des jeunes de cent ans et des hommes adultes de deux ou quatre ans. trois cents, cabriolaient et criaient sur le rivage avec joie devant la grande invention ; tandis que de vénérables patriarches, de sept ou huit cents étés, regardaient avec émerveillement, avec une solennité presque prophétique, et s'écriaient qu'ils n'avaient jamais vu pareille chose *au* cours de leur longue, longue vie !

Ces temps sont vieux maintenant — si vieux que les hommes peuvent à peine se rendre compte de leur âge ; néanmoins, les métiers qui étaient utilisés alors sont encore utilisés aujourd'hui, et cela non seulement parmi les sauvages des terres lointaines, mais aussi par les hommes vivant à nos portes.

Le *coracle* , un bateau-panier de la description la plus primitive, se rencontre encore occasionnellement dans le sud du Pays de Galles. Ce n'est ni plus ni moins qu'un grand panier en osier recouvert d'une peau, en forme de cuve et

quelque peu encombrant. Lorsque les Romains envahirent la Grande-Bretagne, ce type de bateau était d'usage courant. Comme le canot des Indiens d'Amérique du Nord, il se renverse facilement et nous devrions penser qu'il doit être plutôt ingérable ; mais comme nous ne serons probablement plus jamais réduits à cela dans ce pays, nous pouvons nous permettre de considérer ses défauts avec indifférence.

Des petits bateaux aux grands bateaux, il n'y a qu'un pas ; et sans aucun doute les fleuves furent bientôt navigués et de nouveaux pays explorés, tandis que ceux qui vivaient près des côtes de la mer osèrent même lancer leurs bateaux sur l'océan ; mais ils « longeaient le rivage », sans aucun doute, et s'aventuraient rarement à avancer la nuit, à moins que les étoiles ne brillaient brillamment dans le ciel.

Les années passèrent et les habitants des côtes devinrent de plus en plus aventureux dans leurs voyages le long du rivage. Il leur incombait d'avoir des bateaux plus grands, ou barges, avec de nombreux rameurs, qui porteraient naturellement des armes avec eux pour se protéger des ennemis. Des galères de guerre surgirent. Des vents violents les emportaient parfois au large et hors de la vue de la terre. Ah, lecteur ! qui peut concevoir les sentiments des premiers marins qui virent la terre solide couler à l'horizon, et ne virent rien de substantiel dans tout le gaspillage des eaux, sinon leur propre petite barque qui chancelait sous eux sur les vagues houleuses ? Peut-être que ces premiers aventuriers des profondeurs ont retrouvé le chemin de la terre ferme et ont ensuite tenté l'audacieuse expérience de se diriger par les étoiles. Peut-être pas; mais finalement il arriva que des navires furent construits, et que les hommes furent assez audacieux pour prendre la mer avec eux pendant des jours et des semaines ensemble.

L'arche est le premier navire dont nous ayons un récit authentique. Nous quittons maintenant le domaine des conjectures ; car l'arche a été construite par Noé sous la direction immédiate du Tout-Puissant, et nous en avons un récit minutieux dans la Bible.

Plus de deux mille trois cents ans avant la venue de notre Seigneur et Sauveur Jésus-Christ sur terre, la méchanceté de l'homme avait atteint une telle hauteur que Dieu résolut de détruire les habitants du monde par un déluge. Mais au milieu de la colère, Dieu se souvient de la miséricorde. Il a épargné Noé et sa famille et les a sauvés de la destruction en les plaçant dans l'arche avec des paires d'animaux inférieurs.

Tout lecteur de la Bible connaît l'histoire du déluge ; mais tout le monde ne sait peut-être pas que les traditions de ce déluge se retrouvent partout sur la terre. À l'Est, à l'Ouest, au Nord et au Sud – civilisés et sauvages – tous les hommes nous parlent d'un grand déluge qui couvrait autrefois le monde et dont une seule famille fut sauvée, dans un bateau, ou un canot, ou une arche.

Ce que les nations barbares et sauvages savent vaguement grâce à la tradition, nous le savons certainement et pleinement grâce à la Parole inspirée de Dieu. L'arche a été construite ; le déluge est venu ; Noé et sa famille et deux de tous les êtres vivants y entrèrent ; et pendant des mois, le premier navire flotta sur une mer dont les vagues sans rivage faisaient le tour du monde.

Quelle était la forme de l'arche, nous ne pouvons pas le dire avec précision ; mais nous connaissons assez précisément ses dimensions.

Même si elle n'était pas destinée au voyage, l'arche devait nécessairement être un modèle parfait de navire, destiné à flotter sur les eaux. Dans une certaine mesure aussi, il devait avoir été équipé pour naviguer sur des vagues turbulentes ; car il « marcha à la surface des eaux » pendant plus de sept mois, et avant de finalement reposer sur le sommet du mont Ararat, « Dieu fit passer un vent sur la terre, et les eaux furent apaisées ». En ce qui concerne sa taille, la façon la plus intéressante de l'envisager sera peut-être de le comparer au *Great Eastern*, le plus grand navire jamais construit par l'homme. En supposant qu'une coudée mesure environ 18 pouces, la longueur de l'arche était d'environ 450 pieds, sa largeur d'environ 75 pieds et sa profondeur d'environ 45 pieds.

La longueur du *Great Eastern* est de 680 pieds, sa largeur de 83 pieds et sa profondeur du pont à la quille de 60 pieds.

L'arche a été construite en bois de gopher, que certains pensent être du pin, d'autres du cèdre. Il se composait de trois étages, avait une fenêtre et une porte, et était aménagé à l'intérieur et à l'extérieur. Mais il n'avait ni mât ni gouvernail ; et il est évident que, bien qu'elle fût le refuge de l'homme, l'arche n'a pas été conçue pour être gérée par l'homme, car après que Noé et sa famille y soient entrés, Dieu a pris sur lui la direction et la préservation de leur vaisseau. Ainsi, notre Sauveur – dont l'arche était un type – guide et protège spécialement ceux qui fuient vers lui pour se réfugier.

Mais bien que nous ayons remarqué que l'arche était le premier navire, nous ne pouvons pas avec convenance la placer au premier rang de l'histoire de la navigation. Après le déluge, l'arche semble avoir été rapidement oubliée, ou du moins imparfaitement rappelée, et les hommes se sont retournés vers leurs petits canoës et leurs bateaux maladroits, qui suffisaient à tous leurs besoins limités. Ce n'est qu'environ mille ans plus tard dans l'histoire du monde que les hommes ont construit des navires de taille considérable et se sont aventurés dans de longs voyages *côtiers* à des fins de découverte et de commerce. La navigation était pratiquée , et l'art de la construction navale avait fait des progrès très considérables, bien avant que les hommes osèrent perdre de vue le rivage et s'aventurer dans le sein mystérieux de la grande mer inconnue.

Pour les anciens, la Méditerranée était l'océan ; et parmi ses baies, ses criques et ses îles, l'entreprise maritime naquit et devint célèbre. Chez les Phéniciens, les Égyptiens et les Hébreux, on trouve les premières traces de navigation et de commerce. La première de ces nations, occupant l'étroite bande de terre entre le Mont Liban et la Méditerranée, devint célèbre en tant que marins entre les années 1700 et 1100 avant Jésus-Christ, la célèbre ville de Sidon étant leur grand port maritime, d'où leurs navires partaient. faire du commerce avec Chypre et Rhodes, la Grèce, la Sardaigne, la Sicile, la Gaule et l'Espagne. On sait peu de choses sur l'état du commerce à cette époque, ni sur la forme ou la taille des anciens navires. Homère nous raconte, dans son récit de la guerre de Troie, que les Phéniciens fournissaient aux combattants de nombreux articles de luxe ; et l'Écriture nous apprend que les mêmes navigateurs entreprenants ont apporté de l'or à Salomon depuis Ophir en l'an 1000 avant JC.

Peu de temps auparavant, les Phéniciens s'aventurèrent à traverser le détroit

de Gibraltar et aperçurent pour la première fois le grand océan Atlantique. En longeant les côtes d'Espagne, ils fondèrent Cadix ; et, peu de temps après, rampant le long de la côte occidentale de l'Afrique, ils y établirent des colonies. Mais leur plus grand exploit a été accompli environ 600 ans avant JC, lorsqu'ils ont descendu la mer Rouge et la côte orientale de l'Afrique, doublé le cap de Bonne-Espérance, remonté la côte ouest et sont rentrés chez eux par le détroit de Gibraltar. Bartholomew Díaz doit cacher sa tête diminuée devant ce fait ; car, même si c'est à lui que revient tout le mérite, les Phéniciens d'autrefois « ont doublé le Cap » au moins vingt siècles avant lui !

Que de longs voyages aient été effectués par les hommes d'autrefois, avant le début de l'histoire authentique, semble hautement probable. L'expédition des *Argonautes* en Colchide en 1250 avant JC, à la recherche de la « Toison d'Or », est le premier voyage antique qui revendique l'authenticité. Ce qu'était la Toison d'Or est incertain ; certains pensent que c'était un terme utilisé pour symboliser les mines de métaux précieux près de la mer Noire. Quoi qu'il en soit, les *Argonautes* sont partis à sa recherche : qu'ils l'aient trouvé ou non n'est pas enregistré dans l'histoire. Jason, fils du roi de Thessalie, était le chef de cette expédition, composée d'un navire et de cinquante hommes. Un homme nommé *Argus* a construit le navire, qui a été nommé d'après lui Argo, d'où le nom d' *Argonautes* .

En traitant des vases anciens, autant procéder selon le principe suggéré par un enfant sagace, qui, lorsque sa mère allait lui raconter une histoire, la suppliait habituellement de « se coucher au coucher » . Nous commencerons par le début.

Chapitre trois.

Radeaux et canoës.

Les radeaux, comme nous l'avons déjà remarqué, ont sans doute été le début de la navigation. Mais ils n'ont pas été complètement remplacés par les inventions modernes, comme beaucoup d'autres espèces d'artisanat ancien. Il est vrai que nous ne faisons plus aujourd'hui la guerre sur des radeaux, mais nous continuons à commercer avec eux dans de nombreuses régions du monde. Comment les radeaux des temps anciens étaient formés, nous ne pouvons pas le dire avec précision, bien que nous puissions facilement le deviner ; mais une chose que nous savons, c'est que le premier perfectionnement apporté à un tel bateau fut l'enfoncement de quelques planches épaisses dans l'eau, jusqu'à une profondeur de trois ou quatre pieds, entre les rondins qui composaient le radeau. Ceux-ci faisaient office de quille et, en se pressant *latéralement contre l'eau* lorsqu'un vent *latéral* soufflait, empêchaient le radeau de prendre une grande partie de ce qu'on appelle *la dérive* , c'est-à-dire de dériver dans la direction dans laquelle le vent soufflait. souffler. Certains types de navires hollandais utilisent actuellement des planches sous le vent à cet effet.

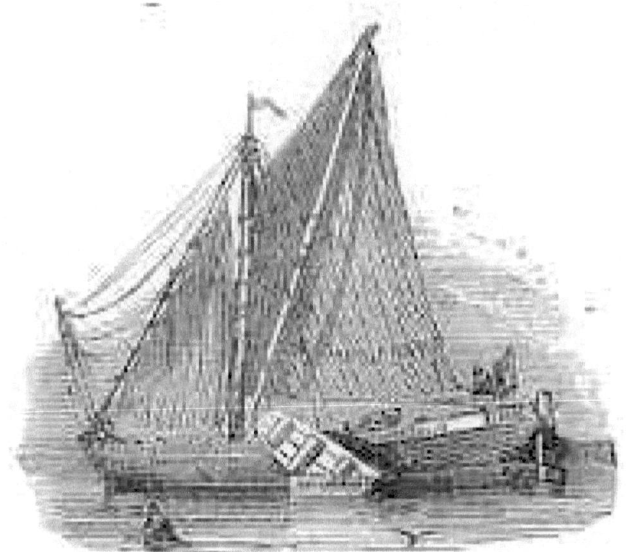

Les radeaux actuellement utilisés sur les grands fleuves d'Amérique sont extrêmement curieux à bien des égards. Une particularité de beaucoup d'entre eux est qu'ils transportent *eux-mêmes* leurs marchandises vers le marché, et non leurs marchandises, les rondins de pin avec lesquels ils sont construits étant la marchandise commercialisable. Certains de ces « radeaux de bois », comme on les appelle, sont de grandes dimensions ; et comme leurs navigateurs doivent souvent passer de nombreuses semaines sur eux, descendant lentement les rivières, ils y construisent des huttes ou des petites chaumières, cuisinent leurs provisions à bord et, en un mot, passent la nuit et le jour dans leurs maisons flottantes temporaires, comme confortablement comme s'ils étaient sur la terre ferme.

Lorsque ces radeaux s'approchent d'une cascade ou d'un rapide, ils détachent les saisines et permettent à plusieurs bûches liées ensemble de couler à la fois. Une fois le rapide franchi, les bûches en vrac sont rassemblées, le radeau est reconstruit et la descente vers la mer se poursuit. Bien entendu, les cabanes ne sont construites que sur des radeaux qui naviguent sur les plus grandes rivières et ne risquent donc pas d'être démolies.

Lorsque les grumes atteignent la mer, elles sont expédiées vers diverses régions du monde où le bois est rare. De grandes quantités sont importées en Grande-Bretagne du Canada et d'autres régions d'Amérique.

Des mesures audacieuses ont parfois été prises. Au lieu d'expédier les grumes dans des navires, des hommes entreprenants et ingénieux les construisirent en un *navire solide* , laissant un petit espace pour servir de cabine et de cale pour les provisions ; puis, dressant des mâts, ils hissèrent les voiles, et dans cette singulière embarcation traversèrent l'Atlantique. En arrivant au port , ils démontèrent leur radeau et le vendirent.

La taille immense des radeaux qui descendent certains des plus grands fleuves du monde peut être comprise par la gravure suivante, qui représente un radeau sur la Dwina , l'un des grands fleuves de Russie.

Les radeaux, cependant, ne se limitent pas au trafic. Ils ont souvent été le moyen de sauver la vie des marins naufragés ; mais trop souvent ils n'ont été que le moyen de prolonger la misérable existence de ceux qui ont fini par périr en mer.

Laissons maintenant de côté les radeaux et décrirons les canoës.

Nous pensons que les canoës ont dû être inventés après les radeaux. Ils étaient formés, comme nous l'avons dit, de rondins, d'écorces et de peaux tendues sur des charpentes de bois. Nous ne pouvons pas dire grand-chose des anciennes pirogues. Mais il est probable qu'ils ressemblaient à bien des égards aux canots utilisés par les nations sauvages à l'heure actuelle ; car l'homme, dans sa condition la plus basse ou la plus sauvage, est nécessairement le même maintenant qu'il l'était dans les temps anciens. Nous jetterons donc un coup d'œil aux canots des nations sauvages qui existent aujourd'hui, et nous aurons ainsi une bonne idée, nous n'en doutons pas, de ce qu'étaient les canots dans les temps anciens.

Les plus simples d'entre eux sont peut-être les canots des Indiens d'Amérique du Nord. Ceux-ci sont construits avec de fines lattes et des nervures de bois et sont recouverts d'écorce de bouleau. Les feuilles d'écorce n'ont pas un quart de pouce d'épaisseur. Plusieurs feuilles sont utilisées pour couvrir un canot. Ils sont cousus ensemble avec les longues racines flexibles du pin, et les coutures sont rendues serrées avec de la gomme provenant du même arbre. Ces canots sont si légers, que deux hommes peuvent en porter sur leurs épaules un seul capable de contenir huit ou dix hommes, avec leurs provisions, etc., pour un voyage de plusieurs mois. Ils sont de différentes tailles, depuis le canot de chasse qui contient un Indien jusqu'au plus grand canot qui en transporte quatorze. Ils sont propulsés par de courtes pagaies au lieu de rames.

Les risques courus par *les voyageurs* qui parcourent les lacs et les rivières de l'Amérique du Nord à bord de ces canots sont nombreux et terribles.

L'anecdote suivante est racontée à propos d'une évasion de justesse faite par des commerçants de fourrures alors qu'ils descendaient une des rivières de l'arrière-bois du territoire de la baie d'Hudson :— Un beau soir d'automne, un canot du nord glissait rapidement le long d'un des nobles virages dans la rivière mentionnée. Des scènes nouvelles, belles et toujours changeantes s'ouvraient constamment à la vue des *voyageurs* , dont les chants plaintifs et magnifiques des canoës roulaient sur les eaux. Soudain, le chant cessa lorsque le rugissement lointain d'une cascade frappa leurs oreilles, et les timoniers, car il y en a habituellement deux, un à la proue et un à la poupe, se préparèrent à débarquer et à « faire un portage », c'est-à-dire *à* transporter le canot et le chargement devant les chutes par voie terrestre, puis relancés et rechargés dans l'eau douce en contrebas.

L'approche du point d'atterrissage à la tête de la chute était quelque peu difficile, en raison d'une pointe de rocher qui se projetait dans le ruisseau dans la direction de la chute, et autour de laquelle il était nécessaire de diriger avec une certaine dextérité pour pouvoir pour éviter d'être entraîné dans le fort courant. Cependant, les guides intrépides avaient souvent traversé l'endroit en toute sécurité au cours des années précédentes et, par conséquent, s'y précipitaient avec une indifférence imprudente, leurs pagaies lançant un cercle d'embruns au-dessus de leurs têtes tandis qu'ils changeaient d'un côté à l'autre avec une rapidité gracieuse mais vigoureuse. Le courant rapide les emporta rapidement autour du point dangereux, et ils avaient presque atteint le tourbillon tranquille près du lieu d'accostage lorsque l'étrave du canot fut attrapée par le courant, qui la fit immédiatement tourbillonner hors du rivage et l'emporta vers le bas. comme une flèche. Un autre moment, et l'eau jaillissante les entraîna jusqu'au bord de la chute, qui tonnait et écumait parmi d'effroyables gouffres et rochers à plusieurs pieds en dessous. C'était l'œuvre d'un instant. La poupe du canot surplombait presque l'abîme, et les voyageurs manœuvraient leurs pagaies avec le désespoir d'hommes qui sentaient que leur vie dépendait des efforts de la terrible minute suivante. Pendant quelques secondes, le canot resta immobile et parut trembler au bord de la destruction – la force de l'eau et la puissance des hommes étant presque également équilibrées – puis, pouce par pouce, il commença lentement à remonter le courant. Le danger était passé ! Quelques coups nerveux, et le canot sortit du courant comme une flèche et flotta en sécurité dans l'eau calme au-dessous de la pointe.

Le tout, du début à la fin, s'est déroulé en quelques secondes ; mais qui peut décrire ou comprendre le jaillissement tumultueux de l'excitation pendant ces brefs instants dans le sein des *voyageurs* ? Le passage soudain et électrique d'une sécurité tranquille à la limite de ce qui semblait une destruction certaine – et puis, la délivrance ! C'était un de ces incidents passionnants qui arrivent fréquemment à ceux qui parcourent les déserts de ce monde, et auxquels ils ne pensent guère au-delà du moment du danger ; pourtant c'était une de ces saisons solennelles, plus ou moins nombreuses dans l'histoire de tous les hommes, où le Tout-Puissant parle à ses créatures insouciantes d'une voix qui ne peut se tromper, si méprisée soit-elle ; les réveillant, d'une prise brutale, pour contempler la fine corde qui les suspend au-dessus de l'abîme de l'éternité.

Les canots utilisés par les Esquimaux qui habitent les régions polaires sont faits d'une légère charpente de bois entièrement recouverte de peau de phoque, un trou rond étant laissé au centre dans lequel l'Esquimau s'assoit . Autour de ce trou se trouve un morceau de peau lâche que l'homme tire et attache autour de sa taille. La machine est ainsi totalement étanche. Aucune vague ne peut s'y précipiter, bien qu'elles puissent le balayer ; et si par hasard il devait se renverser, l'Esquimau peut le remettre lui-même dans la bonne position d'un simple mouvement adroit de sa longue pagaie à double lame. La pagaie, qui varie de dix à quinze pieds, est simplement une perche avec une lame à chaque extrémité. Il est saisi au centre , et chaque extrémité plonge alternativement de chaque côté du *kayak* , comme on appelle ce canot. Les kayaks esquimaux sont des bateaux de mer de premier ordre. Ils peuvent affronter presque toutes sortes de conditions météorologiques. Ils sont extrêmement légers et sont propulsés très rapidement par les indigènes. Dans ces frêles canots, les indigènes des régions polaires poursuivent les phoques et les baleines, et osent même attaquer le morse dans son élément natal. Le kayak est utilisé exclusivement par les hommes. L' oomiak , ou canoë des femmes, est de construction beaucoup plus grande et plus lourde, un peu comme un bateau. Il est ouvert au-dessus et peut accueillir une grande famille composée de femmes et d'enfants. Comme le kayak, il s'agit d'une charpente de bois recouverte de peau de phoque et propulsée au moyen de courtes pagaies en forme de cuillère.

Le célèbre canot « Rob Roy », qui est maintenant si en vogue parmi les garçons et les jeunes hommes à tendance aquatique, est construit et géré exactement selon les mêmes principes que le kayak Eskimo ; la seule différence entre les deux est que le canot « Rob Roy » est fait de bois mince au lieu de peau, et est dans l'ensemble un navire plus élégant. On en trouvera un compte rendu dans notre chapitre sur les « Bateaux ». Les insulaires des mers du Sud utilisent également une pirogue qu'ils propulsent avec une pagaie à double pale semblable à celle des Esquimaux. Ils sont merveilleusement experts et intrépides dans la conduite de ce canot, comme le montre la gravure sur bois annexée.

Afin de montrer que la pagaie de la pirogue est plus naturelle à l'homme que la rame, nous présentons une photo de la pirogue utilisée par les Indiens d'Amazonie en Amérique du Sud. Nous voyons ici que les sauvages du sud, comme leurs frères du nord, s'assoient la face tournée vers l'avant et poussent leur barque en avant à l'aide de courtes pagaies, sans se servir du plat-bord comme point d'appui. L'aviron est décidément un instrument plus moderne et plus scientifique que la pagaie, mais cette dernière est mieux adaptée à certains types de navigation que la première.

Les pirogues des insulaires des mers du Sud sont très différentes des pirogues légères que nous venons de décrire. Certains sont grands et d'autres petits ; certains longs, certains courts ; quelques-uns élégants, quelques-uns maladroits ; et un ou deux particulièrement remarquables. La plupart d'entre eux sont étroits et susceptibles de se renverser ; Afin d'éviter cette catastrophe , les indigènes ont ingénieusement, quoique maladroitement, inventé une sorte de « *balancier* », ou planche, qu'ils attachent au côté du canot pour le maintenir droit. Ils attachent également deux canots ensemble pour les stabiliser.

L'un de ces *canoës doubles* est ainsi décrit par Cheever dans son « Island World of the Pacific » : « Un canoë double est composé de deux canoës simples de même taille placés parallèlement l'un à l'autre, à trois ou quatre pieds l'un de l'autre, et fixés dans leurs places par quatre ou cinq pièces de bois courbées juste en forme de mèche. Ceux-ci sont attachés aux deux canoës avec le cinet le plus résistant , fait de fibre de noix de coco , de manière à les rendre presque aussi identiques que les doubles ferry-boats qui font la navette entre Brooklyn et New York. Une arche aplatie est ainsi formée par les traverses en forme d'arc au-dessus de l'espace entre les canots, sur lesquelles une planche ou deux gros poteaux posés dans le sens de la longueur constituent une plate-forme élevée pour les passagers et le fret, tandis que ceux qui pagayent et dirigent sont assis dans les corps des canots sur les côtés. Un mât mince, qui peut être démonté en une minute, s'élève à peu près au centre de cette plate-forme, pour soutenir une voile très simple, maintenant universellement faite de tissu de coton blanc, mais autrefois de nattes.

Les pirogues doubles appartenant aux chefs des insulaires de la mer du Sud sont les plus grandes ; certaines d'entre elles mesurent près de soixante-dix pieds de long, et pourtant elles n'ont chacune qu'environ deux pieds de large et trois ou quatre pieds de profondeur. Les poupes sont remarquablement hautes : quinze ou dix-huit pieds au-dessus de l'eau.

Les canots de guerre sont également grands et de construction compacte ; la poupe étant basse et couverte, de manière à offrir un abri contre les pierres et les fléchettes. Une imitation grossière d'une tête ou d'une figure grotesque est généralement sculptée sur la poupe ; tandis que la tige est élevée, courbée comme le cou d'un cygne, et se termine fréquemment par la figure sculptée d'une tête d'oiseau. Ces canots sont capables de contenir cinquante guerriers. Le capitaine Cook en décrit certains comme mesurant cent huit pieds de long. Tous, qu'ils soient simples ou doubles, de commerce ou de guerre, sont propulsés par des pagaies, les hommes étant assis la face tournée dans la direction où ils vont.

Comme on peut le supposer, ces canots sont souvent renversés par mauvais temps ; mais comme les insulaires des mers du Sud sont des nageurs experts, ils parviennent généralement à redresser leurs pirogues et à y remonter à toute vitesse. Leur seule crainte dans de telles occasions est d'être attaqué par des requins. Ellis, dans son intéressant livre « Polynesian Researches », raconte un exemple de ce genre d'attaque qui fut lancée contre un certain nombre de chefs et de personnes – environ trente-deux – qui passaient d'une île à l'autre dans une grande pirogue double : — « Ils furent surpris par une tempête dont la violence arracha leurs canots des espars horizontaux qui les unissaient. C'était en vain qu'ils s'efforçaient de les remettre debout ou de vider l'eau, car ils ne pouvaient empêcher leur renversement incessant. Comme seule ressource, ils rassemblèrent les espars et les planches éparpillés et construisirent un radeau sur lequel ils espéraient pouvoir dériver jusqu'à terre. Le poids de tous ceux qui étaient rassemblés sur le radeau était si grand qu'il l'enfonçait si profondément sous la surface qu'ils se trouvaient au-dessus de leurs genoux dans l'eau. Ils firent très peu de progrès et furent bientôt épuisés par la fatigue et la faim. Dans cet état, ils furent attaqués par un certain nombre de requins. Dépourvus de couteau ou de toute autre arme de défense , ils devenaient des proies faciles pour ces monstres rapaces. Les uns après les autres furent saisis et dévorés, ou emportés par eux, et les survivants, qui voyaient avec une angoisse terrible leurs compagnons ainsi détruits, virent le nombre de leurs assaillants apparemment augmenter, à mesure que chaque corps était emporté jusqu'à ce qu'il n'en reste plus que deux ou trois.

« Le radeau, ainsi allégé de son chargement, remonta à la surface de l'eau, et les plaça hors de portée des mâchoires voraces de leurs implacables destroyers. La marée et le courant les emportèrent bientôt vers le rivage, où ils débarquèrent pour raconter le triste sort de leurs compagnons de voyage.

Le capitaine Cook se réfère ainsi aux canoës de la Nouvelle-Zélande :

« L'ingéniosité de ces gens n'apparaît que dans leurs canots. Ils sont longs et étroits et ressemblent beaucoup à une baleinière de la Nouvelle-Angleterre. Les plus gros semblent être construits principalement pour la guerre et peuvent transporter de quarante à quatre-vingts ou cent hommes armés. Nous en avons mesuré un qui gisait à Tolaga ; elle mesurait soixante-huit pieds et demi de long, cinq pieds de large et trois pieds et demi de profondeur. Le fond était pointu, avec des côtés droits comme un coin, et se composait de trois longueurs, creusées jusqu'à environ deux pouces, ou un pouce et demi d'épaisseur, et bien attachées ensemble par de solides tressages. Chaque côté consistait en une planche entière, longue de soixante-trois pieds, large de dix ou douze pouces et épaisse d'environ un pouce et quart ; et ceux-ci furent ajustés et attachés à la partie inférieure avec une grande dextérité et une grande force.

« Un nombre considérable de bancs furent posés d'un plat-bord à l'autre, auxquels ils furent solidement amarrés de chaque côté, pour renforcer le bateau. L'ornement de la tête dépassait de cinq ou six pieds du corps et mesurait environ quatre pieds et demi de haut. L'ornement de la poupe était fixé à cette extrémité, comme l'étambot d'un navire est sur sa quille, et mesurait environ quatorze pieds de haut, deux de large et un pouce et demi d'épaisseur. Ils étaient tous deux constitués de planches sculptées, dont le dessin était bien meilleur que l'exécution. Tous leurs canots, sauf quelques-uns à Opoorage ou Mercury Bay, qui étaient d'une seule pièce et creusés par le feu, sont construits d'après ce plan, et peu ont moins de vingt pieds de long. Certains des plus petits types ont des stabilisateurs ; et parfois deux sont réunis, mais ce n'est pas courant.

« Les sculptures sur les ornements de poupe et de tête des bateaux inférieurs, qui semblaient être entièrement destinées à la pêche, consistent en la figure d'un homme, avec le visage aussi laid qu'on peut le concevoir, et une langue monstrueuse sortant de la bouche. , avec les coquilles blanches d'oreilles de mer coincées en guise d'yeux. Mais les canots de l'espèce supérieure, qui semblent être leurs vaisseaux de guerre, sont magnifiquement ornés de dentelles ajourées et recouverts de franges lâches de plumes noires, qui avaient un aspect des plus élégants. Les planches du plat-bord étaient également fréquemment sculptées dans un goût grotesque et ornées de touffes de plumes blanches posées sur un fond noir. Les pagaies sont petites et soigneusement fabriquées. Le limbe est de forme ovale, ou plutôt d'une forme ressemblant à une grande feuille, pointue en bas, la plus large au milieu, et se perdant graduellement dans la tige, la longueur totale étant d'environ six pieds. A l'aide de ces rames , ils poussent leurs bateaux avec une vitesse stupéfiante.

M. Ellis, dont le livre a déjà été cité et qui a visité les îles des mers du Sud près d'un demi-siècle plus tard que Cook, nous dit que les *pirogues simples* utilisées par certains insulaires sont bien plus sûres que les *pirogues doubles* pour les longs voyages. car ces derniers sont susceptibles d'être déchirés lors d'une tempête, et alors on ne peut les empêcher de se bouleverser constamment.

Les canoës simples ne se séparent pas si facilement de leur balancier. Néanmoins ils sont quelquefois contrariés par mer agitée ; mais cela ne dérange pas beaucoup les indigènes. Lorsqu'un canot se renverse et se remplit, les indigènes, qui apprennent à nager comme des canards presque aussitôt qu'ils savent marcher, saisissent une extrémité du canot, qu'ils pressent de manière à élever l'autre extrémité au-dessus de la mer, en ce qui signifie qu'une grande partie de l'eau s'écoule ; ils lâchent alors brusquement prise, et le canot retombe sur l'eau, vidé en quelque sorte de son contenu. Nageant à côté, ils rejettent le reste et, grimpant dedans, poursuivent leur voyage.

Les Européens, cependant, ne sont pas aussi indifférents au renversement que les sauvages. À une occasion , M. Ellis, accompagné de trois dames, Mme Orsmond , Mme Barff et sa femme, avec ses deux enfants et un ou deux indigènes, traversaient un port de l'île de Huahine . Une servante était assise à l'avant du canot avec la petite fille de M. Ellis dans ses bras. Son petit garçon était au sein de sa mère ; et un indigène, muni d'un long poteau lumineux, pagayait ou poussait le canot, lorsqu'un petit buhoe , avec un jeune indigène assis dedans, s'élança de derrière un buisson qui pendait au-dessus de l'eau, et avant qu'ils aient pu faire demi-tour ou le Le jeune homme pouvait arrêter son canot, mais celui-ci a traversé la balancier. Celui-ci tomba en un instant, le canot fut renversé et toute la troupe se précipita dans la mer.

Le soleil s'était couché peu après leur départ du côté opposé, et le crépuscule étant très court, les ombres du soir s'étaient déjà épaissies autour d'eux, ce qui empêchait les naturels du rivage de voir leur situation. L'indigène, étant tout à fait à l'aise dans l'eau, tenait la petite fille d'une main et nageait de l'autre vers le rivage, aidant en même temps Mme Orsmond , qui avait attrapé ses longs cheveux qui flottaient sur l'eau derrière elle. Mme Barff, en remontant à la surface, attrapa le balancier du canot qui avait causé le désastre, et cria à haute voix au secours, informa les gens à terre de leur danger et les amena promptement à leur secours. Mme Le mari d'Orsmond , se trouvant à ce moment-là, se précipita vers la plage et plongea aussitôt dans l'eau. Sa femme, en le voyant, la quitta, s'emparant de la femme indigène, et saisissant son mari, l'aurait certainement noyé, lui et elle, si les indigènes n'étaient pas survenus pour les secourir.

Mahinevahine , la reine de l'île, sauta à la mer et sauva Mme Barff ; M. Ellis s'est emparé du canot et a soutenu sa femme et leur bébé jusqu'à ce que les secours arrivent. Ainsi, ils furent tous sauvés.

Les insulaires des mers du Sud, dont nous avons parlé, sont, du moins pour certains d'entre eux, les sauvages les plus féroces de la surface de la terre. Ils portent peu ou pas de vêtements et pratiquent le cannibalisme, c'est-à-dire *se nourrissent d'hommes* , par choix. En fait, ils préfèrent la chair humaine à toute autre. Nous en sommes informés d'après l'autorité la plus incontestable.

Sans aucun doute, les canots que nous avons décrits sont à peu près les mêmes aujourd'hui qu'il y a mille ans ; de sorte qu'en visitant les parties de la terre où les indigènes sont encore sauvages, nous pouvons, pour ainsi dire, faire un bond en arrière dans les temps anciens et contempler de nos propres yeux l'état de l'architecture marine telle qu'elle existait lorsque nos propres ancêtres étaient sauvages. , et pagayé sur la Tamise et la Clyde sur des rondins, des radeaux et des canoës en osier.

Chapitre quatre.

Navires et navigateurs anciens.

Tout doit avoir un commencement, et, si justes que puissent paraître les choses à ceux qui les commencent, elles revêtent généralement un aspect étrange, parfois absurde, à ceux qui les contemplent après plusieurs siècles.

Quand nous pensons aux navires et aux yachts de construction soignée qui parcourent aujourd'hui l'océan au loin, nous pouvons à peine croire qu'il soit possible que les hommes aient réellement commencé la pratique de la navigation et aient d'abord pris la mer sur des navires aussi grotesques que celui représenté à la page 1. 55.

Dans un chapitre précédent, il a été fait référence à l'essor du commerce et de l'entreprise maritime, aux flottes et aux exploits des Phéniciens, des Égyptiens et des Hébreux dans la Méditerranée, où le commerce et la navigation commencèrent à se développer vigoureusement. Nous allons maintenant considérer la structure particulière des navires et des bateaux dans lesquels se déroulaient leurs opérations maritimes.

Les bateaux , comme nous l'avons dit, ont dû succéder aux radeaux et aux canoës, et les gros bateaux ont rapidement suivi le sillage des petits. Peu à peu, à mesure que les besoins des hommes augmentaient, la taille de leurs bateaux augmentait également, jusqu'à ce qu'ils méritent le titre de petits navires. Ces énormes bateaux, ou petits navires, étaient propulsés au moyen de rames d'une taille immense ; et, pour avancer avec quelque rapidité, il fallut multiplier les rameurs et les rameurs, jusqu'à ce qu'ils devinssent très nombreux.

De nos jours, nous voyons rarement un bateau nécessitant plus de huit ou dix rames. Dans les temps anciens, les bateaux et les navires nécessitaient parfois jusqu'à quatre cents rames pour se propulser.

Les formes des anciens navires étaient curieuses et extrêmement pittoresques, en raison de l'ornementation avec laquelle leurs contours étaient brisés et de la haute élévation de leur proue et de leur poupe.

Nous n'avons pas de détails très authentiques sur les détails de la forme ou de la taille des navires anciens, mais les antiquaires ont rassemblé une grande quantité d'informations décousues qui, une fois rassemblées, nous permettent de nous faire une assez bonne idée de la manière de les travailler. tandis que les monnaies et les sculptures anciennes nous ont donné une idée de leur aspect général. Il ne fait aucun doute que bon nombre de ces documents sont assez grotesques, mais ils doivent néanmoins être exacts dans les principaux détails.

Homère, qui vécut en 1000 av . de la construction navale était alors arrivée. Bien sûr, il faut tenir compte de la tendance d'Homère à se livrer à l'hyperbole.

Ulysse, roi d'Ithaque, et considéré comme l'un des Grecs les plus sages qui se rendirent à Troie, après avoir fait naufrage sur une île, reçoit de la nymphe Calypso les moyens de construire un navire, ce héros étant déterminé à retrouver son rivage natal . et retourner chez lui et chez sa fidèle épouse Penelope.

« En sortant ainsi, elle lui donna d'abord de manier

une lourde hache, avec un tempérament véritablement
acier,

et à double tranchant ; le manche lisse et simple,

Forgé du grain facile de l'olive trouble ;

Et ensuite, un coin à conduire avec une grande influence ;
Puis nous

nous dirigeâmes

vers la forêt voisine . Sur le bord extrême de l'île isolée se
dressait

des peupliers, des pins et des sapins, un bois élevé,

dont les sommets sans feuilles aspirent aux cieux,

brûlés par le soleil ou brûlés par le feu céleste

(déjà séchés). Ceux-ci le montrant,

la nymphe se contenta de le lui montrer et se retira en
larmes.

« Maintenant, le héros peine ; arbres sur arbres renversés

, l'automne crépite et les forêts gémissent ;

Soudain, une vingtaine entière sont jonchées dans la plaine,

Et coupées et allégées de leur charge branchue.

À angles égaux, ceux-ci disposés à se joindre,

Il les a lissés et carrés par la règle et la ligne.

(Les Wimbles pour l'œuvre trouvée par Calypso),

Avec ceux-là, il les a percés et liés avec des clinchers.

Long et spacieux comme un charpentier de marine forme

le large fond d'une écorce pour résister aux tempêtes,

si grand qu'il a construit le radeau ; puis il l'a fortement
nervuré

d'espace en espace, et a cloué les planches le long.

Ceux-ci formaient les côtés ; le jeu qu'il a façonné en
dernier ;

Alors au-dessus du navire s'élevait le mât effilé,

avec des vergues croisées dansant dans le vent :

et à la barre le gouvernail de guidage se joignait

(avec des osiers flexibles clôturés pour briser la force

des vagues déferlantes et diriger le cap régulier).

Ton métier à tisser, Calypso, pour les futures voiles,

A fourni le tissu, capable de souffler.

Avec les haubans et les cordages en dernier lieu, il gréa le
navire,

Et, roulé sur des leviers, il le lança dans les profondeurs.

Les navires des anciens Grecs et Romains étaient divisés en différentes classes, selon le nombre de « rangs » ou « bancs », c'est-à-dire de *rangées* de rames. *Les monorèmes* contenaient une rangée de rames ; *birèmes* , deux rives ; *trirèmes* , trois ; *quadrirèmes* , quatre ; *quinquérèmes* , cinq ; et ainsi de suite. Mais ces deux derniers étaient rarement utilisés, car ils étaient encombrants et les rames du rang supérieur étaient presque ingérables à cause de leur grande longueur et de leur poids.

Ptolémée Philopator d'Egypte aurait construit un gigantesque navire comportant pas moins de quarante rangées de rames superposées ! Elle était dirigée par 4 000 hommes, outre lesquels il y avait 2 850 combattants ; elle avait quatre gouvernails et une double proue. Sa poupe était décorée de splendides peintures d'animaux féroces et fantastiques ; ses rames dépassaient à travers des masses de feuillage ; et sa cale était remplie de grain !

Que ce récit soit exagéré et fantaisiste est tout à fait évident ; mais il est fort probable que Ptolémée ait construit un navire, sinon plus, d'une taille inhabituelle.

MODE OF STEERING ANCIENT SHIP.

Les voiles utilisées dans ces navires étaient généralement carrées ; et lorsqu'il y avait plus d'un mât, celui le plus proche de la poupe était le plus grand. Le gréement était de la description la plus simple, consistant parfois en seulement deux cordages allant du mât à la proue et à la poupe. Il y avait généralement un pont à la proue et à la poupe, mais jamais au centre du navire. La direction était assurée au moyen d'une énorme rame large, parfois deux, à l'arrière. Un formidable « bec » était apposé à l'avant des navires de guerre, avec lequel l'équipage chargeait l'ennemi. Les navires étaient peints en

"BEAK" OF ANCIENT SHIP.

noir, avec des ornements rouges sur la proue ; auquel Homère est censé faire référence lorsqu'il parle des navires aux joues rouges.

Les navires construits par les Grecs et les Romains pour la guerre étaient plus affûtés et plus élégants que ceux utilisés dans le commerce ; ce dernier étant à fond rond et large, afin de contenir la cargaison.

Les Corinthiens furent les premiers à introduire *des trirèmes* dans leur marine (environ 700 ans avant JC), et ils furent également les premiers à posséder une marine d'importance. Les Athéniens commencèrent bientôt à les imiter et construisirent bientôt une grande flotte de navires à la fois pour la guerre

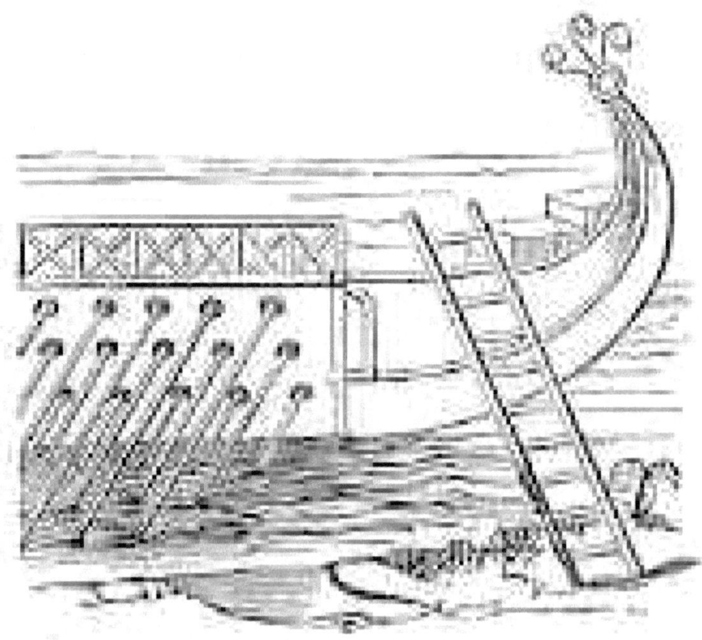

et le commerce. Que ces anciens navires étaient légers comparés aux nôtres, cela est prouvé par le fait que lorsque les Grecs débarquèrent pour commencer le siège de Troie , ils *arrêtèrent leurs navires sur le rivage* . On nous dit aussi que les anciens marins, lorsqu'ils arrivaient sur un promontoire de terre long et étroit, avaient parfois l'habitude de débarquer, de diriger leurs navires de corps à travers la partie la plus étroite de l'isthme et de les lancer de l'autre côté.

De plus, ils avaient une crainte salutaire de ce que les marins appellent « l'eau bleue », c'est-à-dire la mer profonde et lointaine, et ne s'aventuraient jamais hors de vue de la terre. Ils n'avaient pas de boussole pour les diriger, et dans leurs voyages de découverte côtiers, ils étaient guidés, s'ils étaient soufflés vers la mer, par les étoiles.

Les voiles étaient en lin à l'époque d'Homère ; par la suite, la toile à voile fut fabriquée à partir de chanvre, de jonc et de cuir. Les voiles étaient parfois teintes de différentes couleurs et avec de curieux motifs. D'énormes cordes étaient attachées autour des navires pour les lier plus fermement ensemble, et les pavois étaient surélevés au-delà de la charpente des navires par des vanneries recouvertes de peaux.

Des pierres étaient utilisées comme ancres, et parfois des caisses de petites pierres ou de sable ; mais celles-ci ne tardèrent pas à être remplacées par des ancres de fer à dents ou à douves.

Les Romains n'étaient pas au début aussi forts en puissance navale que leurs voisins , mais pour suivre leur rythme, ils furent finalement obligés de consacrer plus d'attention à leurs marines. Vers 260 avant JC, ils levèrent une grande flotte pour poursuivre la guerre contre Carthage. Un quinquérème carthaginois, qui avait fait naufrage sur leur côte, fut pris par les Romains, utilisé comme modèle, et cent trente navires en furent construits. Ces navires furent tous construits, dit-on, en six jours ; mais cela paraît presque incroyable. Nous ne devons cependant pas juger le pouvoir des anciens à l'aune des critères de l'époque actuelle. Il est bien connu que la main-d'œuvre était alors bon marché, et nous avons enregistré dans l'histoire l'achèvement de grands travaux en un temps merveilleusement court, par la simple force de myriades d'ouvriers.

Les Romains réussirent non seulement à lever une marine considérable, mais

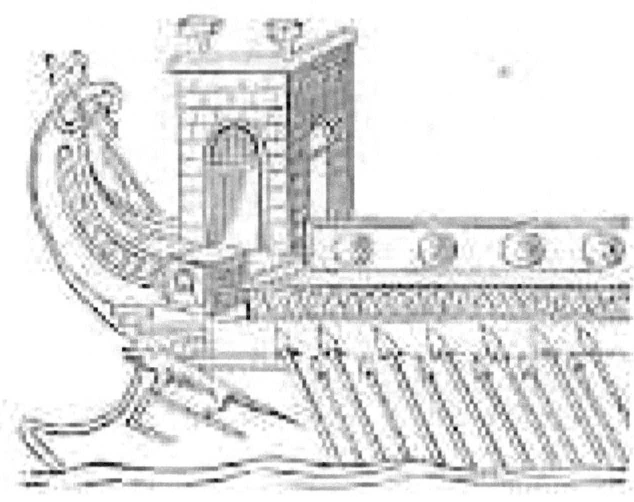

ils se montrèrent ingénieux en inventant des nouveautés dans leurs galères de guerre. Ils élevèrent sur les ponts des tours, du haut desquelles leurs guerriers combattaient comme depuis les murs d'une forteresse. Ils plaçaient aussi au sommet de leurs mâts de petites cages ou paniers, dans lesquels étaient placés quelques hommes pour lancer des javelots sur les ponts de l'ennemi ; pratique qui se pratique encore en principe de nos jours, les hommes étant placés au « sommet » des mâts de nos bâtiments de guerre, d'où ils tirent sur l'ennemi. C'est une balle tirée du « haut » d'un des mâts de l'ennemi qui a abattu notre plus grand héros naval, Lord Nelson.

A partir de cette époque, les Romains entretinrent une puissante marine. Ils paralysèrent la puissance maritime de leurs ennemis africains et construisirent un certain nombre de navires équipés de six, voire dix rangs de rames. Les Romains étaient extrêmement friands de représentations de combats navals et Jules César creusa un lac sur le Champ de Mars spécialement pour ces expositions. Il ne s'agissait en aucun cas de combats simulés. Les malheureux qui équipaient les navires à ces occasions étaient des captifs ou des criminels, qui combattaient comme le faisaient les gladiateurs – jusqu'à la mort – jusqu'à ce qu'un camp soit exterminé ou épargné par la clémence impériale. Dans l'une de ces batailles, pas moins de cent navires et dix-neuf mille combattants furent engagés !

Tels furent les peuples qui envahirent la Grande-Bretagne en l'an 55 av. J.-C. sous Jules César, et tels furent les navires à partir desquels ils débarquèrent sur nos côtes pour livrer bataille aux indigènes alors sauvages de notre pays.

Il est curieux que les croisades des XIIe et XIIIe siècles furent la principale cause du progrès de la navigation après l'ouverture de l'ère chrétienne. Au cours des cinq cents premières années après la naissance de notre Seigneur, rien de digne de mention en matière d'entreprise ou de découverte maritime ne s'est produit.

Mais vers cette époque se produisit un événement qui provoqua la fondation d'une des villes maritimes les plus remarquables du monde. En 476, l'Italie fut envahie par les barbares. Une tribu, les Vénètes, qui habitait sur les rives nord-est de l'Adriatique, a échappé aux envahisseurs en fuyant pour se réfugier dans les marais et les îlots sablonneux à l'entrée du golfe, où leurs ennemis ne pouvaient pas suivre par voie terrestre, en raison de la nature marécageuse du sol, ni par la mer, à cause de la faible profondeur des eaux. Les Vénètes se mirent à la pêche, puis à la fabrication du sel et enfin aux entreprises commerciales. Ils commencèrent également à construire sur ces îles sablonneuses, et bientôt leurs villes s'étendirent sur quatre-vingt-dix îles, dont beaucoup étaient reliées par des ponts. C'est ainsi qu'est née la célèbre ville des eaux – « la belle Venise, l'épouse de la mer ».

Bientôt les Vénitiens et leurs voisins les Génois monopolisèrent le commerce de la Méditerranée.

Les croisades commencèrent alors, et pendant deux siècles les chrétiens luttèrent contre les Turcs au nom de Celui qui, ils semblent l'avoir oublié, si tant est qu'ils l'aient jamais su, est appelé le Prince de la Paix. L'un des résultats de ces croisades fut que les Européens engagés prirent goût au luxe oriental, et que les flottes de Venise et de Gênes, de Pise et de Florence envahirent bientôt la Méditerranée, chargées de bijoux, de soieries, de parfums, d'épices et d'autres objets si coûteux . marchandise. Les Normands, les Danois et les Hollandais commencèrent également à prendre une part active à l'entreprise navale ainsi encouragée, et la marine française fut créée sous les auspices de Philippe Auguste.

ENGLISH SHIPS OF THE TIME OF THE CRUSADES.

Le résultat de tout cela fut qu'il y eut un grand mouvement et, dans une certaine mesure, un mélange des nations. La connaissance des arts et des manufactures s'échangeait et, nécessairement, la connaissance de diverses langues se répandait. L'Occident a commencé à exiger constamment les produits de l'Orient, la richesse a commencé à augmenter et la somme des connaissances humaines à s'étendre.

Peu de temps après cette ère de prospérité commerciale en Méditerranée, les robustes hommes du Nord accomplirent sur les profondeurs des exploits qui surpassèrent ceux du grand Colomb lui-même et furent entrepris plusieurs siècles avant son époque.

Les Angles, les Saxons et les Hommes du Nord habitaient les confins de la Baltique, les rivages de l'océan allemand et les côtes de la Norvège. Comme les nations riveraines de la Méditerranée, ils devinrent eux aussi des navigateurs célèbres ; mais, contrairement à eux, la guerre et la piraterie étaient leurs principaux objectifs. Le commerce était secondaire.

Dans des vaisseaux ressemblant à celui dont ce qui précède est une représentation, ces nations allèrent piller les habitants de climats plus favorisés et établir la domination anglo-saxonne en Angleterre ; et leur célèbre roi Alfred devint le fondateur de la puissance navale de la Grande-Bretagne, destinée dans les siècles futurs à gouverner les mers.

Ce sont les Hommes du Nord qui, sur d'immenses bateaux découverts, s'avancèrent sans carte ni boussole (car ni l'une ni l'autre n'existait à cette époque) dans les mers tumultueuses du nord et, en 863, découvrirent l'île d'Islande ; en 983, la côte du Groenland ; et, quelques années plus tard, ces parties de la côte américaine appelées désormais Long Island, Rhode Island, Massachusetts, Nouvelle-Écosse et Terre-Neuve. Il est vrai qu'ils ne partageaient pas les vues scientifiques et commerciales de Colomb ; ils n'ont pas non plus fait bénéficier le monde civilisé de leur connaissance de ces terres. Mais même si leur objectif était simplement égoïste, nous ne pouvons retenir notre admiration pour l'esprit audacieux et audacieux manifesté par ces premiers navigateurs, dans des circonstances les plus désavantageuses possibles - avec des bateaux non pontés ou à moitié pontés, de maigres fournitures, aucune connaissance ou appareil scientifique , et les étoiles sont leur seul guide sur le gaspillage ininterrompu des eaux.

Au fil du temps, un ou deux voyageurs aventureux se sont rendus en Asie, et les hommes ont commencé à se rendre compte que le monde n'était pas le disque, le cylindre ou la boule insignifiant qu'ils l'avaient considéré. L'un des principaux voyageurs aventureux était peut-être Marco Polo, un Vénitien qui vivait dans la dernière partie du XIIIe siècle. Il a fait connaître les parties centrales et orientales de l'Asie, le Japon, les îles de l'archipel indien, une partie du continent africain et l'île de Madagascar, et est considéré comme le fondateur de la géographie moderne de l'Asie.

Les aventures de cet homme merveilleux étaient vraiment surprenantes, et bien qu'il ait sans doute exagéré dans une certaine mesure dans le récit de ce qu'il avait vu, ses récits sont pour la plupart véridiques. Lui et ses compagnons furent absents de leurs voyages et voyages pendant vingt et un ans.

Marco Polo est mort ; mais la connaissance de l'Orient qu'il avait ouverte, ses aventures et ses richesses, restèrent en arrière pour attiser les énergies des nations européennes. Pourtant, on ne peut dire combien de temps le monde aurait tâtonné dans ce crépuscule de la connaissance, et les marins auraient continué à « serrer le rivage » comme autrefois, si un événement ne s'était produit qui avait immédiatement révolutionné la science de la navigation . et a formé une nouvelle ère dans l'histoire de l'humanité. C'est l'invention de la boussole du marin.

Chapitre cinq.

La boussole du marin - Découvertes portugaises.

"Qu'est-ce *que* la boussole ?" tout jeune philosophe au caractère curieux posera naturellement cette question. Nous ne disons pas que tous les jeunes feront cette enquête. Nombreux sont ceux qui diront immédiatement : « Oh, je sais ! C'est une aiguille avec une carte dessus - parfois une aiguille avec une carte en dessous - qui pointe toujours vers le nord et montre aux marins comment diriger leurs navires.

Très bien expliqué en effet, mon ami qui se suffit à lui-même ; mais vous n'avez pas répondu à la question. Vous nous avez dit à quoi ressemble une boussole et un des usages auxquels elle s'applique ; mais vous n'avez pas encore dit ce que *c'est* . Un homme qui n'a jamais entendu parler d'une boussole pourrait s'exclamer : « Quoi ! une aiguille! Est-ce une aiguille à repriser, une aiguille à tricoter ou une aiguille à passer ? Et quelle extrémité pointe vers le nord : l'œil ou la pointe ? Et si vous le posez sur la table du mauvais côté, au nord, se retournera-t-il tout seul ?

Vous riez peut-être et vous expliquez ; mais il aurait été préférable d'expliquer correctement au début. Ainsi:-

La boussole du marin est une petite barre plate d' acier aimanté qui, en équilibre sur un pivot, tourne obstinément une de ses extrémités vers le pôle nord, l'autre, bien entendu, vers le pôle sud ; et il le fait parce qu'il est magnétisé . Une carte est fixée au-dessus, quelquefois au-dessous de cette barre d'acier (qu'on appelle l'aiguille), sur laquelle sont marqués les points cardinaux, nord, sud, est et ouest, avec leurs subdivisions ou points intermédiaires, au moyen desquels le véritable la direction de n'importe quel point peut être déterminée.

« Aha ! » vous vous écriez : « Monsieur l'Auteur, mais vous avez vous-même omis une partie de l'explication. *Pourquoi* la magnétisation de l'aiguille la fait-elle tourner vers le nord ?

Je réponds humblement : « Je ne peux pas le dire » ; mais, plus loin, j'affirme avec assurance : « personne d'autre non plus ne le peut ». Le fait est connu, et nous voyons son résultat ; mais la raison pour laquelle l'acier ou le fer magnétisé doit avoir cette tendance, cette polarité, est un des mystères que l'homme n'a pas encore pu pénétrer et ne parviendra probablement jamais.

Après avoir expliqué la nature de la boussole, dans la mesure du possible, nous en présentons à notre lecteur une photo.

On voit qu'il y a quatre grands points - N, S, E et W - les points cardinaux mentionnés ci-dessus, et que ceux-ci sont subdivisés par douze points plus petits, avec un petit point triangulaire noir entre chacun, et une multitude de points. des points plus petits autour du cercle extérieur. Pour donner à ces points leurs noms corrects, on appelle « boxer la boussole », une leçon que tous les marins peuvent tirer de leur langue comme A, B, C, et que la plupart des garçons pourraient apprendre en quelques heures.

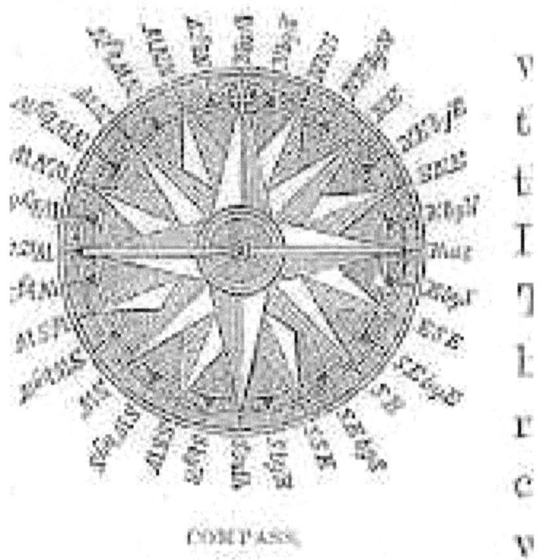

Pour ceux qui désirent acquérir la connaissance, nous donnons l'explication suivante : Commençons par le nord. Le grand point à mi-chemin entre N et E (à droite) est *au nord-est* . Le point correspondant à mi-chemin entre N et W (à gauche) est *le nord-ouest* . Un coup d'oeil montrera que les points correspondants vers le sud sont respectivement *sud-est* et *sud-ouest* (généralement écrits SE et SW, comme les deux premiers points s'écrivent NE et NW). Or, lire la boussole avec autant de connaissances est très simple. Ainsi : *Nord* , *nord-est* , *est* , *sud-est* , *sud* , *sud-ouest* , *ouest* , *nord-ouest* , *nord* . Mais il faut remarquer que, dans le langage de la mer, le *th* est jeté par-dessus bord, sauf lorsque les mots nord et sud apparaissent seuls. Lorsqu'ils sont joints à d'autres points, ils se prononcent ainsi : nord-est, sud-est ; et ainsi de suite.

Pour arriver maintenant aux subdivisions plus petites, il suffira de parcourir un quart du cercle. Le point à mi-chemin entre NE et N. est « nord-nor'-est » (NNE), et le point correspondant entre NE et E. est « est ni'-est » (ENE). Ces points sont encore subdivisés par de petits points noirs qui sont ainsi nommés : — Le premier, après le N., est « nord par est » (N. par E.) ; le correspondant à côté de l'E. est « est par nord » (E. par N.). Le deuxième point *noir* de N. est « nord-est par nord » (NE par N.), et le correspondant, à savoir le deuxième point noir de l'est, est « nord-est par est » (NE par E) . .). Ainsi, en lisant la boussole, nous disons - en commençant au nord et en continuant vers l'est - Nord : nord par est ; ni'-nor'-est; nord-est par nord; nord-est; nord-est par est; est ni'est; d'est en nord ; est ; — et ainsi de suite avec les autres quarts du cercle.

Voilà pour « boxer la boussole ». La manière dont il est utilisé à bord des navires et les divers instruments employés en relation avec lui dans le fonctionnement d'un navire en mer seront expliqués brièvement ; mais jetons d'abord un coup d'œil à l'histoire de la boussole.

Il reste une grande incertitude quant à savoir quand, où et par qui la boussole du marin a été inventée. Flavio Gioia , capitaine ou pilote napolitain, qui vécut vers le début du XIVe siècle, était généralement reconnu dans toute l'Europe comme l'inventeur de cet instrument utile ; mais le temps et la recherche ont jeté un nouvel éclairage sur ce sujet. Le pilote napolitain fut probablement le premier à faire connaître la boussole en Europe ; mais bien avant 1303 (année où on disait qu'elle fut inventée), l'usage de l'aiguille magnétique était connu des Chinois.

La pierre de charge , ce minéral qui a le pouvoir mystérieux d'attirer le fer, et aussi de conférer au fer son propre pouvoir attractif, était connue des Chinois avant l'an 121, année où fut achevé un célèbre dictionnaire chinois dans lequel le mot aimant est *défini* . comme « le nom d'une pierre qui donne la direction à une aiguille ». Cela prouve non seulement qu'ils connaissaient les propriétés attractives de l'aimant et son pouvoir de conférer ces propriétés au métal, mais aussi qu'ils connaissaient la polarité d'une aiguille aimantée . Un autre dictionnaire chinois, publié entre le troisième et le quatrième siècle, parle de navires guidés dans leur route vers le sud au moyen de l'aimant ; et dans un ouvrage médical publié en Chine en 1112, il est fait mention de la *variation* de l'aiguille, montrant que les Chinois avaient non seulement utilisé l'aiguille comme guide en mer, mais avaient observé celle-ci une de ses particularités bien connues, à savoir , la tendance de l'aiguille à s'éloigner *très légèrement* du nord géographique.

Au XIIIe siècle aussi, on trouve mention de l'aiguille par un poète et par deux autres écrivains ; de sorte que quoi que Flavio Gioia ait fait (et il est probable qu'il ait fait beaucoup) pour faire connaître la boussole en Europe, on ne peut pas dire qu'il en soit l'inventeur. Cet honneur appartient sans aucun doute aux Chinois. Quoi qu'il en soit, la boussole a été inventée ; et au XIVe siècle, elle commença cette révolution dans les affaires maritimes à laquelle nous avons fait allusion.

Les premières boussoles furent curieusement formées. Les Chinois utilisaient une aiguille aimantée , qu'ils plaçaient dans un morceau de jonc ou de moelle, qui flottait dans une bassine d'eau, et laissait ainsi se déplacer librement et se tourner vers les pôles. Ils fabriquaient également des aiguilles en forme de poisson de fer. Un auteur arabe du XIIIe siècle écrit ainsi : « J'ai entendu dire que les capitaines des mers indiennes substituaient à l'aiguille et au roseau un poisson de fer creux magnétisé , de sorte que, lorsqu'il était placé dans l'eau, il pointait vers le nord avec sa tête et au sud avec sa queue. La raison pour laquelle le poisson de fer ne coule pas, c'est que les corps métalliques, même les plus lourds, flottent lorsqu'ils sont creux et lorsqu'ils déplacent une quantité d'eau supérieure à leur propre poids.

L'usage de la boussole en mer est si simple, qu'après ce qui vient d'être dit, il ne nécessite guère d'explication. Lorsqu'un navire fait voile vers un port quelconque, il connaît avant tout la position du port d'où il part, ainsi que celui vers lequel il se dirige. Une ligne droite tracée de l'un à l'autre est sa véritable route, en supposant qu'il y ait de l'eau profonde et dégagée sur tout le chemin ; et si la boussole est placée sur cette ligne, le point de la boussole par lequel elle passe est le point par lequel elle doit se diriger. Supposons que sa route passe par la pointe est de la boussole : la tête du navire serait immédiatement tournée dans cette direction, et il continuerait son voyage avec l'aiguille de la boussole pointée directement à travers le pont, et les pointes est *et* ouest droites . le *long de celui-ci* .

Mais diverses causes surviennent dans la pratique même de la navigation pour empêcher un navire de maintenir sa véritable route. Les vents peuvent être contraires, et les courants peuvent la pousser soit d'un côté, soit de l'autre ; tandis que la terre — promontoires, îles et bas-fonds — l'oblige à s'écarter de la ligne directe. Un navire fait également ce qu'on appelle une « dérive » ; ce qui signifie que, lorsque le vent souffle de son côté, non seulement elle avance, mais elle glisse également latéralement dans l'eau. Ainsi, au cours d'une journée, il peut s'éloigner considérablement de sa véritable route – en langage marin, « faire une grande marge de manœuvre ».

Effectuer le voyage correctement et en toute sécurité face à ces obstacles et empêchements est le but et la fin de la navigation ; et la manière de procéder est la suivante :

L'heure est soigneusement notée au moment du départ, et à partir de ce moment, nuit et jour, jusqu'à la fin du voyage, certaines observations sont faites et inscrites dans le journal de bord, appelé journal de bord. Toutes les heures, la vitesse à laquelle le navire avance est vérifiée et soigneusement notée. Le point cardinal vers lequel le navire doit être dirigé est donné par le capitaine ou l'officier commandant au timonier, qui se tient à la barre avec un compas toujours devant lui dans une boîte appelée « habitacle » . La route n'est jamais modifiée que par des ordres distincts de ceux qui commandent ; et lorsqu'on le change, l'heure à laquelle le changement s'effectue et le nouveau cap à suivre sont soigneusement notés. Ainsi, à la fin de la journée, ou à tout autre moment si on le désire, la position du navire peut être déterminée en traçant sa route sur une carte de l'océan sur lequel il navigue, les cartes ou cartes correctes étant fourni par le capitaine avant le départ.

L'estimation ainsi faite n'est cependant pas tout à fait exacte. C'est ce qu'on appelle « *l'estime* » et ce n'est qu'une approximation de la vérité, car il faut tenir compte d'une marge de manœuvre qui ne peut être que devinée. Il faut également tenir compte des variations de vitesse de navigation à chaque heure, car les vents ne soufflent pas toujours exactement avec la même force à chaque heure de la journée. Au contraire, elles peuvent varier plusieurs fois en une heure, tant en force qu'en direction. Ces variations doivent être surveillées et prises en compte ; mais cette allocation peut être erronée dans une plus ou moins grande mesure. Les courants peuvent également avoir exercé une influence invisible sur le navire, rendant ainsi le calcul encore moins correct. Néanmoins, l'estime est souvent le seul guide sur lequel le marin doit compter pendant des jours entiers, lorsque les tempêtes et les ciels nuageux l'empêchent de connaître sa véritable position par d'autres moyens, dont nous parlerons tout à l'heure.

Bien entendu, au début de la navigation, il n'existait pas de cartes océaniques. Le navigateur ne savait pas où il se précipitait au milieu des eaux sauvages et désertes ; mais en observant la position relative de certaines des étoiles fixes par rapport à sa route pendant qu'il naviguait vers la mer, il pouvait se faire une idée approximative de la route à suivre pour retourner au port d'où il était parti.

La boussole indique donc au marin la route qu'il a suivie, et le *journal de bord* (dont nous parlerons plus tard) lui permet de s'assurer de la vitesse à laquelle il a progressé ; tandis que ses chronomètres, ou garde-temps, lui indiquent le *temps* pendant lequel le cap et le rythme de la navigation ont été maintenus. Et bien des longues croisières sur les profondeurs inconnues ont été accomplies avec succès dans les temps anciens par des marins audacieux, avec cette méthode d'estime ; et de nos jours, de nombreux marins en dépendent presque entièrement, alors que *tous*, par temps épais et orageux, en dépendent pendant des jours et parfois des semaines ensemble.

Le *journal de bord*, auquel nous avons fait référence, est l'instrument par lequel est déterminée la vitesse à laquelle un navire progresse. C'est un dispositif très simple : un morceau de bois triangulaire de la taille d'une grande soucoupe, avec un morceau de corde solide attaché à chaque coin, les extrémités des cordes étant liées ensemble, de sorte que lorsqu'on le tient, la « bûche, ", comme on l'appelle, ressemble à une balance. Cependant, l'une des cordes n'est attachée à son coin que temporairement au moyen d'une cheville qui, lorsqu'on la tire violemment, en sort. Un bord du triangle est chargé de plomb. La machine entière est attachée à la « ligne à bûches », une corde solide de plusieurs brasses de long, qui est enroulée sur une grande bobine.

Le « soulèvement du bois », comme nous l'avons dit, a lieu toutes les heures. Un marin se tient là avec un sablier qui dure exactement une demi-minute. Un autre tient la bobine en bois ; et un troisième jette le rondin par-dessus bord et « paye » la ligne aussi vite qu'il peut faire tourner la bobine. A l'instant où on le lance, le premier marin fait tourner le sablier. Le rondin, chargé d'un côté, flotte perpendiculairement dans l' eau, restant immobile bien entendu ; tandis que l'homme qui le possède surveille divers nœuds sur la ligne lorsqu'ils passent sur la poupe du navire, chaque nœud représentant un mile de vitesse par heure. Alors que le dernier grain de sable tombe au fond du verre, le premier marin donne un signal aigu, et le second saisit et vérifie la ligne, examine le nœud le plus proche de sa main et sait ainsi immédiatement à combien de nœuds ou de milles le navire se trouve. naviguant à cette époque. L'arrêt soudain de la ligne fait sortir le piquet, mentionné ci-dessus, du rondin, permettant ainsi aux deux autres cordes fixes de le traîner à plat et sans résistance sur la surface de la mer, lorsque la ligne est enroulée et mise en place. Le vol d'une autre heure nécessite une répétition du soulèvement du rondin.

À mesure que les connaissances scientifiques progressaient, des instruments de forme particulière et plus compliquée furent conçus pour permettre aux navigateurs de déterminer plus correctement leur position à la surface de la mer ; mais ils n'ont pas remplacé et ne remplaceront jamais la méthode de l'estime, pour cette raison que cette dernière peut être pratiquée à tout moment, tandis que les premières sont inutiles à moins que le soleil, la lune ou les étoiles ne soient visibles, ce qui dans certains cas n'est pas nécessaire. sous certaines latitudes, ils ne le seront pas avant plusieurs jours et semaines, lorsque les nuages et les brouillards cachent le ciel lumineux.

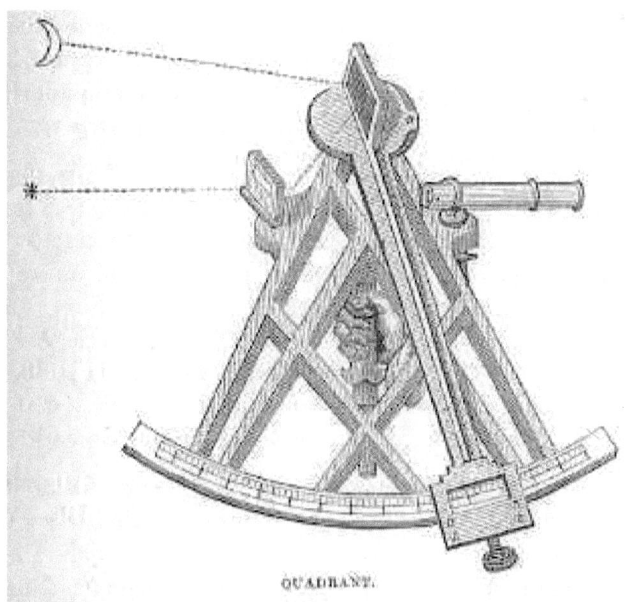

Le *Quadrant* est le principal de ces instruments. Il est représenté page suivante. En donner un compte rendu succinct prendrait plus de place que nous ne pouvons en consacrer. Il suffira peut-être au lecteur général de dire qu'en observant la position exacte du soleil à midi, ou de la lune ou d'une étoile, par rapport à l'horizon, la latitude précise *d'* un navire, c'est-à-dire sa distance au nord ou au sud de l'équateur - est constaté. La méthode consistant à « faire une observation » est compliquée et difficile à expliquer et à comprendre. Nous renvoyons les curieux sur ce point aux traités de navigation.

Les chronomètres sont des garde-temps ou des montres extrêmement délicats et parfaits, qui sont très soigneusement réglés au début d'un voyage. Ainsi l' *heure* au *méridien* d'où part un navire est conservée pendant le voyage. Au moyen d'une observation du soleil avec le quadrant, ou sextant (un instrument quelque peu similaire), l'heure réelle à un point particulier du voyage peut être déterminée. On constate une *différence entre l'heure du lieu où l'observation est faite et l'heure du chronomètre.* Un calcul fondé sur cette différence donne la *longitude du navire* , c'est-à-dire sa distance à l'est ou à l'ouest du méridien qui passe par Greenwich. Ce méridien est une ligne imaginaire tracée autour du monde longitudinalement et passant par les pôles nord et sud, comme l'équateur est une ligne qui le contourne longitudinalement.

Lorsque la latitude et la longitude d'un navire ont été déterminées et qu'une ligne a été tracée passant par le premier parallèle à l'équateur et une autre ligne passant par le deuxième parallèle au premier méridien, le point d'intersection de ces deux lignes est la position exacte du navire *sur* le mer.

La taille et la forme des navires s'étant progressivement améliorées, la boussole et d'autres appareils scientifiques ayant été découverts, le canon et la poudre à canon ayant également été inventés, les marins devinrent plus courageux et plus aventureux ; et enfin la nation portugaise commença cette carrière d'entreprise maritime qui lui valut l'admiration du monde.

Vers le début du XIVe siècle (1330), les îles Canaries, situées au large de la côte occidentale de l'Afrique, furent redécouvertes par l'accident d'un navire français soufflé au large de la côte par une tempête et trouvant refuge parmi elles. Ce groupe était connu des anciens sous le nom d'Îles Fortunées, mais avait été oublié depuis plus de mille ans. Au cours du siècle, les Espagnols ont trouvé le courage de faire des découvertes et de s'établir sur ces îles, bien que ce faisant, ils aient été contraints de subir cette épreuve tant redoutée : naviguer hors de *vue* de leur terre autrefois « étreinte » avec tendresse !

Au début du siècle suivant, surgit un prince, Don Henry, fils de Jean Ier du Portugal, dont le souci de promouvoir la découverte et de trouver un passage par mer autour de la côte africaine jusqu'en Inde, le poussa à envoyer de nombreuses expéditions. , qui ont tous accompli quelque chose et dont beaucoup ont grandement enrichi la connaissance géographique du monde à cette époque. Des navigateurs, envoyés par lui de temps en temps, découvrirent les îles de Madère ; a navigué le long de la côte ouest de l'Afrique sur une distance considérable ; constaté la présence de poussière d'or chez les sauvages du golfe de Guinée ; découvert les Açores, ainsi que de nombreuses autres îles et terres ; traversa l'équateur et s'approcha à environ dix-huit cents milles du cap le plus au sud de l'Afrique.

La découverte de la poussière d'or excita remarquablement l'énergie des Portugais et les poussa allègrement à entreprendre des entreprises que, sans cette incitation, ils n'auraient probablement jamais entreprises du tout. De plus, ils avaient désormais appris à moins trembler à l'idée de perdre la terre de vue ; et vers la fin du XVe siècle (1486), Barthélemy Diaz, officier de la maison de Jean II, réalisa le grand objectif longtemps ardemment désiré par les Portugais : il doubla le grand cap méridional de l'Afrique, que le roi Jean a nommé le « Cap de Bonne-Espérance », bien que Diaz l'ait nommé « Cap des Tempêtes ». La circonstance est ainsi évoquée par un poète de cette période:

> « A la cour de Lisbonne , ils racontèrent leur terrible
> évasion,
>
> et de ses violentes tempêtes ils appelèrent le Cap.
>
> « Toi, le point le plus au sud », s'est exclamé le joyeux roi,

« *Cape de Bonne-Espérance* sois nommé à jamais ! »

Chapitre six.

Bateaux, maquettes de bateaux, etc.

Laissant le sujet des navires et de la navigation anciens, nous allons maintenant tourner notre attention vers les actions plus récentes de l'homme sur l'océan et, avant d'entrer dans les détails des navires et de la construction navale, consacrer un peu de temps et d'espace à l'examen de bateaux.

Il existe une grande variété de bateaux — quant à la forme, à la taille, aux matériaux et à l'usage — de sorte qu'il n'est pas facile de décider sur lequel fixer en premier notre attention. Il existe des bateaux grands et petits, longs et courts ; les plats, les ronds, les pointus et les bluffants, les uns maladroits, les autres élégants. Certains bateaux sont construits pour transporter des marchandises, d'autres pour la guerre. Certains sont destinés à la voile, d'autres à l'aviron ; et tandis que de nombreuses sortes sont consacrées aux affaires, d'autres sont destinées uniquement au plaisir. Avant d'aborder l'un de ces éléments, nos jeunes lecteurs ne s'opposeront peut-être pas à ce qu'on leur dise comment construire :

Un modèle de bateau.

Nous n'avons pas besoin de dire qu'il n'est pas opportun pour un garçon d'essayer de construire un modèle réduit de bateau de la même manière qu'un constructeur de bateaux ordinaire en construit un pour le service réel. Ce serait entreprendre un travail inutile que de poser une quille et de former des nervures et des clous sur des planches de la manière orthodoxe, car, à toutes fins pratiques, un bateau découpé dans un bloc de bois massif est tout aussi utile, et bien plus encore. facilement réalisé.

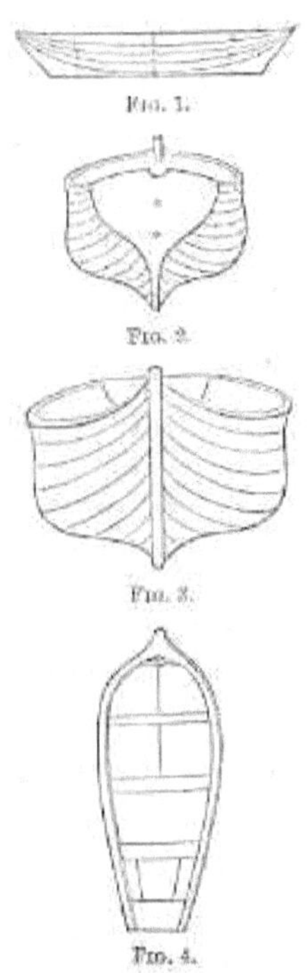

La première chose que vous devez faire, mon jeune constructeur de bateaux, est donc d'aller visiter un port ou une plage où l'on trouve des variétés de bateaux, et, après avoir décidé lequel d'entre eux vous avez l'intention de copier, de faire un dessin soigné, en grandes lignes, de sa forme dans quatre positions différentes. D'abord, une vue latérale, comme sur la figure 1. Puis la poupe, avec les côtés gonflés du bateau visibles, comme sur la figure 2. La proue, comme sur la figure 3 ; et une vue à vol d'oiseau, comme sur la figure 4. Le dernier dessin peut être réalisé en montant sur une éminence voisine , comme une berge ou un bateau plus grand, ou, si cela est impossible, en montant sur la poupe du bateau lui-même. , et donc le mépriser. Ces quatre dessins vous seront d'une grande utilité pour vous permettre de façonner correctement votre modèle ; car, à mesure que vous procédez à la sculpture, vous pouvez, en tenant le modèle dans la même position que n'importe lequel des dessins, vous assurer si vous progressez correctement ; et si vous obtenez la bonne forme de votre bateau dans ces quatre positions, vous serez presque certain de faire un bon bateau. Si, par contre, vous allez travailler sans dessins, il est probable que votre bateau soit de travers, ce qui l'empêchera de flotter uniformément ; ou tordu, qui aura tendance à freiner sa vitesse en navigation, en plus d'être maladroit et non « en forme de navire », comme le disent les marins.

La figure 1 vous donnera raison en ce qui concerne la longueur et la profondeur relatives ; Figure 2 en ce qui concerne la forme de la poupe et le renflement des côtés ; La figure 3 garantit la forme correcte de l'arc ; et la figure 4 vous permet de proportionner la largeur à la longueur.

La prochaine chose à faire est de se procurer un bloc de bois de sapin comportant le moins de nœuds possible et droit dans le fil. La taille est une question de choix : n'importe quelle taille allant d'un pied à dix-huit pouces fera très bien l'affaire pour une maquette de bateau. Avant de commencer à le sculpter, il doit être raboté bien lisse et uniforme sur tous les côtés, et les extrémités coupées parfaitement d'équerre, pour permettre d'y faire les dessins au crayon requis.

Les outils nécessaires sont une petite scie à tenons, un ciseau, deux ou trois gouges de tailles différentes, un coupe-rayons et une lime avec un côté plat et l'autre rond. Une râpe grossière et un compas seront également utiles. Tout cela devrait être extrêmement pointu. Les gouges et les raseurs de rayons seront les plus utiles de ces instruments.

Commencez par tracer une ligne droite avec un crayon au centre exact de ce qui sera le jeu ; continuez-le jusqu'à la partie qui sera la poupe; puis portez-le le long du bas du bloc, là où se trouvera la quille, et jusqu'à la partie avant, ou proue. Si cette ligne a été correctement tracée, son extrémité rejoindra exactement l'endroit où vous avez commencé à la tracer. Beaucoup dépendra

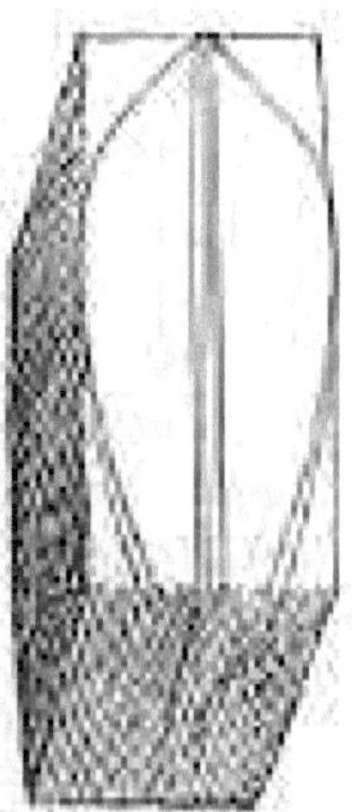

de l'exactitude de cette ligne ; il faut donc être prudent et précis en trouvant le centre de chaque surface du bloc avec le compas. Ensuite, tracez une ligne de chaque côté de cette ligne médiane (comme sur le schéma ci-joint), qui donnera l'épaisseur de la quille et de l'étambot. Ensuite, sur la surface supérieure du bloc, dessinez la forme du bateau pour qu'elle corresponde à la vue à vol d'oiseau (Figure 4, page 82) déjà mentionnée. Dessinez ensuite *la moitié* de la poupe sur un morceau de carton fin et, une fois convaincu que c'est correct, découpez-la avec des ciseaux ; appliquez-le sur le modèle, d'abord d'un côté, puis de l'autre côté de l'étambot. En utilisant ainsi un motif couvrant seulement la moitié de la poupe, l'uniformité exacte des deux côtés est assurée. Traitez l'arc de la même manière. Bien entendu, le motif de la proue sera d'abord dessiné sur la surface *plane* du bloc, et il représentera non pas la proue réelle, mais la partie la plus épaisse de la coque, comme le montre la position de la figure 3, à la page 82. Après cela, tournez le côté du bloc, dessinez dessus la forme représentée à la figure 1, page 82, et marquez *sur la quille* le point où l'étrave et la quille se rejoignent, ainsi que l'endroit où la poupe et la quille se rejoignent. Ceci est nécessaire, car lors du découpage des flancs du bateau, ces lignes seront parmi les premières à être coupées. La procédure suivante consiste à découper les côtés et le bas du bloc jusqu'à ce que, en le regardant dans les positions appropriées, la proue ressemble à la figure 3 et la poupe à la figure 2, mentionnée ci-dessus. Cela se fera principalement à la gouge, le burin et le rase-rayons étant réservés à la finition. Sciez ensuite les parties de la proue et de la poupe qui donneront à ces parties la pente requise, en vous guidant sur les marques faites sur la quille. En découpant les parties supérieures de la proue et de la poupe, laissez-vous guider par les lignes courbes du pont ; et en formant les parties inférieures des mêmes portions, gardez l'œil sur votre dessin, qui est représenté par la figure 1.

Il est conseillé de finir d'abord un côté du bateau, afin que, par mesure et comparaison, l'autre côté puisse être exactement similaire. Ceux qui désirent être très précis sur ce point pourront obtenir une uniformité presque exacte des deux faces en découpant plusieurs moules (trois suffiront) dans du carton. Ces moules doivent être découpés de manière à s'adapter à trois points marqués sur la face *finie*, comme représenté par trois lignes pointillées sur la figure 1 ; puis il faut découper le côté non fini de manière à emboîter les moules aux points correspondants. Si les deux côtés sont bien égaux sur ces trois points, il est presque impossible de se tromper beaucoup en coupant le bois qui les sépare : l'œil suffira pour le reste.

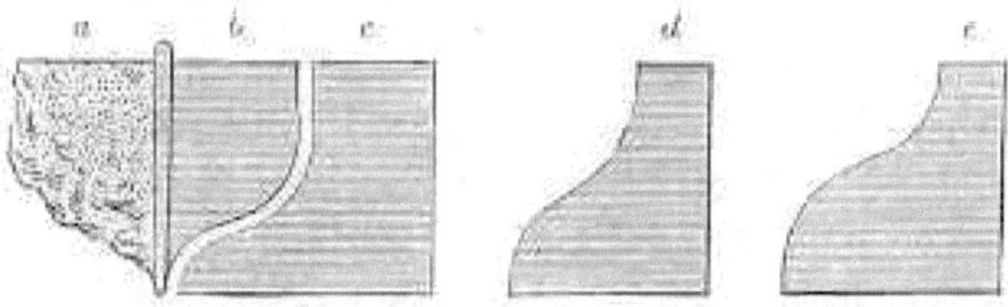

Le schéma ci-joint montre les trois moules mentionnés, l'un d'eux étant *presque* appliqué sur la partie finie de la coque à laquelle il appartient. Ainsi : (a)

représente le côté inachevé du bateau ; (b) le côté fini ; (c) le moule ou la carte est- il découpé pour correspondre à la partie la plus large du côté fini, près du centre du bateau ; (d) est le moule de la pièce près de la proue ; (e) pour celui près de la poupe. Ces dessins sont donnés grossièrement, pour indiquer le plan sur lequel vous devez procéder. Les formes exactes dépendront de vos propres goûts ou fantaisies, telles que formées par les bateaux de formes variées que vous avez étudiés. Et on peut remarquer ici que tout ce que nous avons dit à propos du découpage des maquettes de bateaux s'applique également aux maquettes de bateaux.

L'extérieur de votre bateau étant terminé, la proue ayant été façonnée un peu comme celle représentée dans la coupe ci-jointe, et la poupe ayant été façonnée comme celle montrée dans l'illustration ci-dessous, la prochaine chose à faire est d'évider la coque. . Il faut avoir soin, en faisant cela, de ne pas couper trop de bois d'un côté, ni d'en laisser trop dans un autre ; un peu plus d'un demi-pouce d'épaisseur peut être laissé partout. Ensuite, fixez les bancs ou sièges, comme dans la coupe précédente, attachez une quille en plomb, et le bateau est terminé.

La quille peut être formée en faisant couler du plomb fondu dans une rainure creusée dans un morceau de bois ou, mieux encore, dans une rainure pratiquée dans de l'argile presque sèche. En enfonçant quatre ou cinq clous (bien graissés) dans la rainure avant d'y verser le plomb fondu, des trous peuvent se former dans la quille en retirant simplement les clous après qu'elle soit froide.

Cependant, un mât et une voile sont toujours nécessaires. Le meilleur type de voile est la patte, qui est une voile carrée allongée, illustrée ci-jointe.

La plupart de nos bateaux de pêche sont munis de voiles à oreilles, et à ce titre sont appelés lougres. Ces bateaux sont de toutes dimensions, quelques-uns pesant cinquante tonneaux et transportant des équipages de sept à dix hommes chacun. Une photo d'un lougre est donnée à la page suivante.

Un grand nombre de bateaux de pêche peuvent être vus à Great Yarmouth et tout le long des côtes du Norfolk et du Suffolk. Ils sont employés à la pêche au hareng, et se servent de filets qu'on jette en eau profonde, dont les bords supérieurs flottent sur des bouchons de liège, et dont les bords inférieurs sont enfoncés par des plombs, de sorte qu'ils restent dans l'eau perpendiculairement comme des murs. et intercepter les bancs de

harengs lorsqu'ils ont l'occasion de passer. Des milliers de ces poissons argentés scintillants s'emmêlent dans les mailles pendant la nuit. Ensuite, les filets sont remontés et les poissons sortis et jetés dans un « puits », d'où ils sont retirés le plus rapidement possible, salés et emballés dans des casiers ; tandis que les filets sont relâchés dans la mer. Ces bateaux restent généralement une semaine à la fois. La plupart d'entre eux rentrent au port le samedi, afin de passer le dimanche comme jour de repos. Certains, cependant — indépendamment du fait que Celui qui leur a donné le poisson d'une main si libérale leur a également donné l'ordre : « Souvenez-vous du jour du sabbat » — continuent de pêcher ce jour-là. Mais beaucoup d'hommes de bien parmi les pêcheurs ont témoigné du fait que ceux-ci ne s'enrichissent pas davantage par leur acte de désobéissance ; alors qu'ils perdent en matière de moustiquaires (qui souffrent du manque de séchage fréquent) et en matière de santé (qui ne peut être aussi bien entretenue sans un jour de repos hebdomadaire), alors qu'il ne fait aucun doute qu'ils perdent l'inestimable bénédiction d'une bonne conscience. Il est tellement vrai que la piété est profitable pour la vie présente ainsi que pour celle à venir.

Une maquette de bateau doit être gréée avec un seul mât et une voile à oreilles, ou avec deux mâts et voiles au maximum. Trois sont inutiles et fastidieux. Chaque voile doit être fixée à une vergue, qui doit être hissée ou descendue au moyen d'un bloc ou d'une poulie fixée près du sommet du mât. Les positions de ces vergues et la forme des voiles peuvent être plus facilement comprises par un coup d'œil sur notre gravure sur bois qu'en lisant de nombreuses pages de description.

Les voiles Sprit sont parfois utilisées dans les bateaux. Ce sont des voiles avant et arrière, qui sont maintenues distendues par un bout-de-pied au lieu d'une vergue. Le sprit est une longue perche dont une extrémité est fixée au coin *le plus intérieur le plus bas*, près du mât, et l'autre extrémité s'étend jusqu'au coin le plus *extérieur le plus haut ; il se trouve* donc en diagonale sur la voile. C'est pratique lorsqu'un bateau « vire de bord » ou « vire de bord », c'est-à-dire lorsqu'il fait fréquemment des détours et navigue en s'appuyant tantôt d'un côté, et, au virement suivant, de l'autre côté. Dans ce cas, l'esprit nécessite peu de déplacement ou d'attention. Mais c'est dangereux par temps de bourrasque, car, bien que l'écoute ou drisse qui retient l'extrémité inférieure et *extérieure* d'une voile puisse être lâchée pour des raisons de sécurité, la partie supérieure reste étendue au vent à cause de l'esprit.

Le meilleur gréement de tous pour un modèle réduit de bateau, et même pour un bateau de plaisance, est celui qui comprend une grand-voile, en forme comme celle d'un sloop ou d'un cotre, omettant la bôme, ou vergue inférieure, et une avant triangulaire. -voile s'étendant du près du mât jusqu'à la proue du bateau ou jusqu'à l'extrémité du bout-dehors, un peu comme le foc d'un sloop. Les deux voiles mentionnées peuvent être vues dans la partie de ce livre qui traite des sloops et des cotres ; et ils sont les mêmes dans la forme, avec seulement de légères modifications, lorsqu'ils sont appliqués aux bateaux.

Les bateaux de course sont longs, bas, étroits et légers. Certains sont si étroits qu'ils nécessitent des dames de nage en fer s'étendant sur une distance considérable au-delà des côtés du bateau pour que les rames puissent y reposer. Beaucoup de ces embarcations légères peuvent être vues sur la Tamise et la Clyde, ainsi que sur d'autres rivières du royaume. Les plus gros types ne nécessitent pas ce que nous pouvons appeler les dames de nage à balancier.

Le canot « Rob Roy » est devenu, ces dernières années, très à la mode comme bateau de course et de plaisance. Quels que soient les avantages de cet engin, il a cet inconvénient, qu'il ne peut contenir qu'une seule personne ; de sorte qu'on peut le qualifier d'embarcation antisociale, la compagnie d'un ou plusieurs amis étant impossible, à moins qu'en effet un ou plusieurs canots voyagent en compagnie.

Cette espèce de canoë est devenue célèbre il y a quelques années, à la suite d'un voyage intéressant et aventureux de mille milles à travers l'Allemagne, la Suisse et la France, et ensuite à travers une partie de la Norvège et de la Suède, effectué par M. Macgregor dans un bateau de cette espèce . genre, auquel il donna le nom de « Rob Roy ». Depuis que l'embarcation est devenue populaire, de nombreuses et importantes améliorations ont été apportées à la construction de sa coque et de plusieurs pièces, mais ses caractéristiques distinctives restent inchangées. Le canot « Rob Roy » est, en effet, presque identique au kayak esquimau, sauf en ce qui concerne le matériau dont il est fait : le premier étant entièrement composé de bois, le second d'une charpente de bois recouverte de peau. Il y a la même forme longue et basse en forme de poisson, le même pont, presque au niveau de l'eau, le même trou au centre pour l'entrée de l'homme, le même tablier pour empêcher l'eau d'entrer, et le même long , pagaie à double pale, qui est plongée alternativement de chaque côté. Le « Rob Roy » possède cependant en plus un petit mât, une voile à oreilles et un foc. Il possède également une planche arrière, pour soutenir le dos du canoéiste ; la pagaie est également un peu plus courte que celle du canot esquimau ; et l'ensemble est plus élégant et plus conforme aux goûts et aux habitudes des hommes civilisés qui s'en servent.

Au cours de ses différents voyages, que l'on pourrait presque qualifier de voyages, l'inventeur du canot « Rob Roy » a prouvé de manière concluante qu'il y avait peu d'objets terrestres qui pouvaient constituer un obstacle à sa progression. Quand son canot ne pouvait pas le porter, il le portait ! Les chutes d'eau ne pouvaient pas l'arrêter, car il a atterri en dessous d'elles et a transporté son canot et son petit bagage jusqu'à l'eau douce au-dessus des chutes. En cela, il suivit l'exemple des commerçants de fourrures et des Indiens de l'Amérique du Nord, qui parcourent ainsi de nombreux milles de nature sauvage. Les bas-fonds ne pouvaient pas l'arrêter, car sa petite barque ne tirait que quelques centimètres d'eau. L'eau turbulente ne pouvait pas l'inonder, car les vagues balayaient sans danger son pont lisse et tournaient innocemment autour de son tablier protecteur. Même de longues étendues de terre ferme ne pouvaient pas l'arrêter, parce que des brouettes, des charrettes ou des chemins de fer pouvaient transporter son canot ici et là avec une parfaite facilité sur n'importe quelle distance ; de sorte que lorsque les eaux d'une rivière lui manquaient, celles de la rivière la plus proche lui étaient facilement accessibles. En conclusion, on peut dire que le canot « Rob Roy » est une embarcation des plus utiles et des plus agréables pour les garçons et les jeunes gens, surtout dans les points d'eau qui n'ont ni port ni jetée, et où, en raison de la platitude du plage, les bateaux ne peuvent pas être facilement utilisés.

RIVER-BOAT.

Ce serait une tâche presque interminable et peu rentable de passer en revue en détail les noms et les caractéristiques de tous nos différents types de bateaux.

Nous disposons d'une flotte innombrable de bateaux fluviaux à la poupe lourde et encombrants.

Il existe également des *Torbay Trawlers* , qui sont des cotres de vingt à cinquante tonnes ; et les bateaux à harengs d'Écosse ; et les pavés, qui sont de petits bateaux larges et bluffants ; et des barges, qui sont larges, abruptes, grandes ; et des skiffs, et des chalands, et bien d'autres.

Dans les pays étrangers, on rencontre de nombreux bateaux curieux. Les plus gracieux d'entre eux sont peut-être ceux qui portent des voiles latines, d'énormes voiles triangulaires, dont chaque bateau n'en porte habituellement qu'une.

Il existe des bateaux en caoutchouc qui peuvent être gonflés avec une paire de soufflets et, lorsqu'ils sont pleins, peuvent supporter une demi-douzaine d'hommes ou plus, tandis que, lorsqu'ils sont vides, ils peuvent être enroulés et transportés sur le dos d'un seul homme . homme, ou dans un tumulus. Nous avons vu un jour un bateau de ce genre et y avons pagayé. Il avait la forme d'un manteau et pouvait être porté assez facilement sur les épaules. Une fois gonflé, il formait une sorte de canoë ovale, tout à fait capable de supporter une personne. Nous parlons d'expérience, l'ayant essayé il y a quelques années sur la Serpentine, et l'ayant trouvé extrêmement flottant, mais un peu enclin à tourner à chaque coup de pagaie, en raison de sa forme circulaire et de l'absence d'eau de coupe ou de quille. .

De tous les bateaux qui nagent, le canot de sauvetage est certainement l'un des plus intéressants ; Ce n'est peut-être pas trop d'ajouter que c'est aussi l'un des plus utiles. Mais ce bateau mérite un chapitre à lui seul.

Chapitre sept.

Canots de sauvetage et bateaux-phares.

Lorsque notre noble Lifeboat Institution en était à ses balbutiements, un acte accompli par une jeune femme illustre d'emblée l'extrême danger auquel doivent s'exposer ceux qui tentent de sauver les naufragés, et le grand besoin qu'il y avait, il y a trente ans, de une meilleure disposition que celle qui existait à cette époque pour la défense de notre vaste côte contre les conséquences désastreuses de la tempête et du naufrage. Il n'est pas, à notre avis, inapproprié de commencer notre chapitre sur les canots de sauvetage par un bref récit de l'acte héroïque de :

Grâce chérie.

Il n'y a pas beaucoup de femmes qui, comme Jeanne d'Arc, mettent la main à la pâte pour un travail propre au sexe masculin et acquièrent une renommée éternelle. Et parmi celles-ci, il y en a très peu qui, en quittant ainsi leur sphère naturelle et en assumant des devoirs masculins, conservent leur modestie et leur douceur féminines.

Cependant, Grace Darling en était une. En effet, elle n'a pas complètement quitté son poste pour suivre une conduite particulière au sexe masculin ; mais elle a une fois saisi l'aviron et s'est lancée sans crainte sur la mer déchaînée, et a accompli un exploit dont des hommes forts et audacieux auraient pu être fiers - qui a suscité l'admiration émerveillée de son pays et a rendu son nom indissolublement lié aux annales. d'audace héroïque pour sauver la vie humaine des navires naufragés sur nos côtes rocheuses.

Grace Darling est née en novembre 1815, à Bamborough , sur la côte du Northumberland. Son père était gardien du phare de Longstone, une des îles Farne situées au large de cette côte ; et ici, sur un simple morceau de rocher entouré par l'océan, et souvent par les tempêtes hurlantes et les vagues écumantes de cet endroit dangereux, notre héroïne a passé la plus grande partie de sa vie, presque totalement coupée des joies et des poursuites de l'océan. monde occupé. Elle et sa mère géraient l'économie domestique du phare du petit îlot, tandis que son père préparait la lanterne qui envoyait une lumière amicale pour avertir les marins au large de cette côte dangereuse.

En apparence personnelle, Grace Darling est décrite comme ayant été juste et avenante, avec une expression de visage douce et modeste ; environ la taille moyenne ; et sans rien de masculin en elle. Elle avait vingt-deux ans lorsqu'eut lieu le naufrage à l'occasion duquel son nom est devenu célèbre.

Les îles Farne sont particulièrement dangereuses. La mer s'engouffre avec une force formidable entre les petites îles et, malgré le signal lumineux, des naufrages se produisent parfois parmi elles. Dans les temps anciens, quand les hommes n'avaient ni le cœur ni la tête pour ériger des phares pour la protection de leurs semblables, de nombreux navires nobles ont dû être brisés là-bas, et de nombreux cris terribles ont dû se mêler au rugissement rauque des vagues autour. ces roches déchirées et usées par les intempéries.

Un monsieur qui visita le rocher Longstone en 1838, le décrit ainsi :

« Elle était, comme le reste de ces îles désolées, toute en pierre sombre, fissurée dans toutes les directions et usée par l'action des vents, des vagues et des tempêtes depuis la création du monde. Sur la plus grande partie, il n'y avait pas un brin d'herbe, ni un grain de terre ; c'était de la pierre nue et semblable à du fer, en croûte, sur toute la côte jusqu'à la laisse des hautes eaux, avec des coquilles de patelles et des coquilles encore plus petites. Nous gravissâmes des collines ridées de pierre noire et descendîmes dans des vallons usés et lugubres ; dans certains d'entre eux, là où la marée entrait, elle se déversait et rugissait dans une blancheur furieuse, et barattait les fragments lâches de whinstone en cailloux ronds, et les empilait dans de profondes crevasses avec des algues, comme de grandes cordes rondes et des tas de fucus. Au-dessus de nos têtes hurlaient des centaines d'oiseaux planant, la mouette mêlant ses rires hideux le plus sauvagement.

Par une nuit sauvage et orageuse de septembre 1838 – une nuit qui incite ceux qui sont à terre à se rapprocher du feu et à offrir, peut-être, une prière silencieuse pour ceux qui sont en mer – un bateau à vapeur se battait, désavantagé par les vagues. , au large de Saint Abb's Head. C'était le *Forfarshire* , un bateau à vapeur de trois cents tonnes, sous le commandement de M. John Humble ; et était parti de Hull pour Dundee avec une cargaison précieuse, un équipage de vingt et un hommes et quarante et un passagers.

C'était une nuit effrayante. La tempête faisait rage avec fureur et aurait mis à l'épreuve même les qualités d'un gros navire ; mais celle-ci était en très mauvais état, et ses chaudières étaient dans un tel état que les machines devinrent bientôt complètement inutiles, et enfin elles cessèrent de fonctionner. Nous ne pouvons pas concevoir le danger d'un bateau à vapeur laissé ainsi relativement impuissant dans une tempête furieuse et une nuit noire au large d'une côte dangereuse.

En peu de temps , le navire devint tout à fait ingérable et dérivait dans le sens de la marée, sans que personne ne sache où. Bientôt, le cri terrible retentit : « Breakers sous le vent », et immédiatement après, les feux de Farne devinrent visibles. Le capitaine tenta alors désespérément de diriger le navire entre les îles et le continent ; mais il échoua, et vers trois heures, elle frappa lourdement sur un arc rocheux le plus en avant.

La scène de consternation qui a suivi est indescriptible. Immédiatement, l'un des bateaux fut mis à l'eau et, avec un chargement de gens terrorisés, il fut repoussé, mais pas avant qu'une ou deux personnes ne soient tombées à la mer et n'aient péri dans leurs vaines tentatives pour y entrer. Ce groupe dans le bateau, au nombre de neuf, a survécu à la tempête de cette terrible nuit et a été récupéré le lendemain matin par un sloop Montrose. Parmi ceux qui restèrent dans le navire infortuné, certains restèrent à l'arrière ; quelques-uns se postèrent près de la proue, pensant que c'était l'endroit le plus sûr. Le capitaine restait impuissant, sa femme s'accrochant à lui, tandis que plusieurs autres femmes exprimaient leur agonie de désespoir en cris effrayants.

Pendant ce temps, les vagues frappaient le navire encore et encore sur le rocher, et enfin une vague plus grande que les autres le soulevait et le laissait retomber sur son bord tranchant. L'effet fut formidable et instantané ; le navire a été littéralement brisé en deux morceaux, et la partie arrière, avec la plupart des passagers dans la cabine, a été emportée par le Fifa Gut , un courant énorme qui est considéré comme dangereux même par beau temps. Parmi ceux qui périrent ainsi se trouvaient le capitaine et sa femme. L'avant du paquebot, avec les quelques personnes qui s'y étaient heureusement réfugiées, restait fixé sur le rocher. Ici, huit ou neuf des passagers et de l'équipage s'accrochaient au guindeau, et une femme nommée Sarah Dawson, avec ses deux petits enfants, gisait blottie l'une contre l'autre dans un coin de la cabine avant, exposée à la fureur des vents et des vagues pendant tout le reste. de cette terrible nuit. Pendant des heures, chaque vague qui revenait portait dans leurs cœurs un frisson de terreur ; car l'épave brisée chancelait à chaque secousse, et il semblait qu'elle allait certainement être emportée dans l'écume bouillonnante avant le lever du jour.

Mais le jour arriva enfin, et les survivants de l'épave commencèrent à balayer l'horizon obscur avec des globes oculaires tendus alors qu'un faible espoir commençait enfin à surgir dans leur sein. Ces espoirs tremblants n'étaient pas non plus voués à la déception. A la onzième heure, Dieu, dans sa miséricorde, envoya la délivrance. À travers l'aube scintillante et les embruns, la fille du gardien de phare, depuis la tour de guet solitaire, aperçut l'épave, qui se trouvait à environ un mile de distance du Longstone. Depuis le continent, on les a également observés ; et des foules de gens bordaient le rivage et regardaient le point lointain auquel, à l'aide de télescopes, on voyait les survivants s'accrocher avec la ténacité du désespoir.

Mais aucun bateau ne pouvait vivre dans cette mer déchaînée, qui fouettait encore follement les rochers déchirés, bien que la violence de la tempête ait commencé à s'atténuer. Une offre de 5 livres par l'intendant du château de Bamborough n'a pas réussi à inciter un équipage d'hommes à lancer son bateau. Il y avait cependant un cœur audacieux et une main volontaire. Grace Darling, animée d'un intense désir de sauver ceux qui périssaient, a exhorté son père à lancer leur petit bateau. Au début , il s'est retenu. Il n'y avait personne au phare à part lui, sa femme et sa fille. Que pouvait faire un tel équipage dans un petit bateau non ponté, dans une mer aussi sauvage ? Il connaissait mieux que sa fille le péril extrême qu'ils allaient courir, et il hésitait tout naturellement à courir un si grand risque. Car, outre le danger d'envahissement et le bras relativement faible d'une femme inexpérimentée à la rame, le passage du Longstone à l'épave ne pouvait s'accomplir qu'à marée descendante ; de sorte qu'à moins que les survivants épuisés ne se révèlent capables d'apporter leur aide, ils ne pourraient pas reculer vers le phare.

Mais il ne fallait pas résister aux sérieuses importunités de la jeune fille héroïque. Son père finit par y consentir, et le petit bateau partit avec pour équipage l'homme et la jeune femme. On peut imaginer avec quel frisson de joie et d'espoir les gens sur l'épave voyaient le bateau danser et les vagues crêtes vers eux ; et quelle ne fut pas grande la surprise qui se mêla à leurs autres sentiments en constatant que l'un des rameurs était une femme !

Ils gagnèrent le rocher en toute sécurité ; mais ici leur danger était décuplé, et ce n'est que par l'exercice d'une grande puissance musculaire, joint à un courage résolu, qu'ils empêchèrent le bateau de se briser en morceaux contre le rocher.

Un à un, les malades furent embarqués dans le bateau. Sarah Dawson a été trouvée allongée dans la cabine avant avec une étincelle de vie tremblante encore dans son sein, et elle serrait toujours ses deux petits dans ses bras, mais les esprits des deux s'étaient enfuis vers Celui qui les avait donnés. Avec beaucoup de difficulté, le bateau fut ramené au Longstone et l'équipage secouru atterrit en toute sécurité. Ici, à cause de la violence de la mer, ils furent retenus pendant près de trois jours, ainsi que l'équipage d'un bateau qui était parti à leur secours depuis North Sunderland ; et il fallait une certaine ingéniosité pour accueillir un si grand groupe dans les limites étroites d'un phare. Grace a cédé son lit à la pauvre Mme Dawson ; la plupart des autres se reposaient comme ils pouvaient sur le sol.

Les circonstances romantiques de ce sauvetage, la position isolée de la jeune fille, sa jeunesse et sa modestie, ainsi que l'héroïsme dévoué manifesté à cette occasion, firent vibrer le pays de long en large comme un choc électrique, et le nom de Grace Darling est devenu pour l'époque aussi connu que celui des plus grands du pays, tandis que le phare solitaire de Longstone est devenu un point d'attraction pour des milliers d'admirateurs chaleureux, parmi lesquels se trouvaient de nombreux riches et nobles. Les lettres et les cadeaux affluaient continuellement vers Grace Darling. Le public semblait incapable d'en faire assez pour témoigner de son respect. Le duc de Northumberland l'a invitée au château d'Alnwick et lui a offert une montre en or. Une souscription publique, d'un montant de 700 livres, fut levée pour elle. La

Humane Society lui a offert une belle théière en argent et un vote de remerciement pour son courage et son humanité. Des portraits d'elle étaient vendus dans les imprimeries de tout le pays ; et l'enthousiasme, qui était d'abord l'impulsion naturelle de l'admiration pour quelqu'un qui avait accompli un acte noble et héroïque, finit par se transformer en une sorte de manie, au cours de laquelle de nombreuses absurdités furent perpétrées.

Entre autres, plusieurs propriétaires de théâtres métropolitains lui offraient chaque soir une forte somme à condition qu'elle apparaisse sur scène, simplement pour s'asseoir dans un bateau pendant la représentation d'une pièce illustrant l'incident dont elle était l'héroïne ! Comme on pouvait s'y attendre de la part d'une personne dont l'esprit était vraiment noble, elle déclina rapidement toutes ces offres. Dieu semble avoir tendu ses bras autour de Grace Darling et lui avoir donné une force particulière pour résister aux sévères tentations auxquelles elle était exposée.

Toutes les propositions visant à améliorer sa condition furent rejetées et elle retourna chez elle sur l'île rocheuse, où elle resta avec son père et sa mère jusqu'à quelques mois après sa mort. Le destructeur tombé, hélas ! l'a réclamée alors qu'elle était encore dans l'épanouissement de la féminité. Elle mourut de consomption le 20 octobre 1842, laissant un exemple de courage dévoué à l'heure du danger et d'héroïsme d'abnégation à l'heure de la tentation, qui pourrait bien être admiré et imité par ceux dont le devoir est de pilotez le canot de sauvetage et lancez-vous à la rescousse sur les vagues tumultueuses, dans tous les temps à venir.

Canots de sauvetage.

Un canot de sauvetage, c'est-à-dire le canot de sauvetage du temps présent, diffère de tous les autres bateaux sur quatre points particuliers. C'est *presque* indestructible ; il est insubmersible ; c'est un redressement automatique ; il se vide automatiquement. En d'autres termes, il peut difficilement être détruit ; il ne peut pas être coulé ; il se redresse s'il est bouleversé ; il se vide s'il est rempli.

La première de ces qualités est due à la résistance inhabituelle du canot de sauvetage, non seulement en référence à l'excellence des matériaux avec lesquels il est fabriqué, mais aussi à la manière dont les planches sont posées. Ceux-ci se croisent de manière diagonale, ce qui ne peut pas être facilement décrit ou expliqué au lecteur ordinaire ; mais il suffit de dire que la méthode a pour effet de lier le bateau tout entier d'une manière qui le rend beaucoup plus solide que toute autre espèce d'embarcation. La seconde qualité, celle de l'insubmergibilité , est due aux chambres à air fixées sur les côtés du bateau, sous les sièges, à la proue et à la poupe. Ces caissons d'air sont suffisamment flottants pour faire flotter le bateau même s'il était rempli à débordement d'eau et rempli au maximum d'êtres humains. Bref, pour employer une expression qui peut paraître paradoxale, elle peut transporter plus qu'elle ne peut contenir – elle a une puissance flottante suffisante pour supporter plus que ce qu'elle peut contenir. La troisième, sa qualité d'auto-redressement, est également due aux chambres à air, en relation avec une quille lourde. Il y a deux grands caissons d'air proéminents dans le canot de sauvetage, l'un à la proue, l'autre à la poupe. Celles-ci s'élèvent considérablement au-dessus du plat-bord, de sorte que lorsque le bateau est renversé, il repose sur elles comme sur deux pivots. Bien entendu, il ne peut pas rester un instant immobile sur eux, mais doit nécessairement basculer d'un côté ou de l'autre. C'est le premier mouvement d'auto-redressement ; alors la lourde quille entre en jeu et tire le bateau tout à fait rond. Étant rempli d'eau, le canot de sauvetage serait relativement inutile sans sa quatrième qualité : celle de se vider automatiquement. Ceci est accompli au moyen de six grands trous qui traversent le plancher et le fond du bateau. Le plancher en question est étanche à l'air et est placé de telle sorte que lorsqu'il est entièrement occupé et chargé de passagers, il se trouve très *peu au-dessus du niveau de la mer*. De ce fait dépend l'action du principe. Entre le plancher et le fond du bateau — un espace de plus d'un pied de profondeur — il y a un léger lest de liège ou de bois, et certaines parties de l'espace sont laissées vides. Les six trous mentionnés ci-dessus sont des tubes de six pouces de diamètre, qui s'étendent du sol jusqu'au fond du bateau. Or, c'est une des lois de la nature que l'eau doit trouver son niveau. Par exemple, prenons n'importe quel bateau et percez de grands trous dans son fond, et supposons qu'il soit soutenu dans sa position de flottement *ordinaire*, de sorte qu'il ne puisse pas couler même si l'eau y coule librement à travers les trous. Remplissez-le ensuite d'un coup à fond d'eau. Bien sûr, l'eau à l'intérieur sera considérablement au-dessus du niveau de l'eau à l'extérieur, mais elle continuera à s'écouler par les trous jusqu'à ce qu'elle soit exactement au niveau de l'eau à l'extérieur. Or, l'eau versée dans un canot de sauvetage agit exactement de la même manière ; mais quand il a atteint le niveau de l'eau extérieure, *il a également atteint le sol*, de sorte qu'il n'y a plus d'eau à couler.

Telles sont les principales qualités du magnifique canot de sauvetage actuellement utilisé sur nos côtes, et dont on peut dire qu'il a atteint un état de perfection presque absolue.

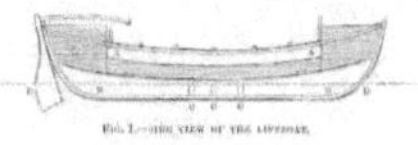

Les sections d'accompagnement du canot de sauvetage présentent la position des caissons d'air et des tubes de décharge. Sur la figure 1, les parties *ombrées* donnent une vue latérale des caissons d'air. La ligne A A indique le pont ou plancher qui se trouve un *peu* au-dessus du niveau de l'eau lorsque le bateau est chargé ; B B est l'espace étanche contenant le ballast ; C C C représentent trois des six trous ou tubes de décharge ; la ligne pointillée D D représente le niveau de la mer. La figure 2 donne une vue plongeante du bateau. Les parties ombrées indiquent les caisses à air ; et la position des six tubes de décharge est plus clairement indiquée que sur la figure 1. Il y a trois ouvertures couvertes dans le plancher, qui permettent une libre circulation de l'air lorsque le bateau n'est pas utilisé, et dans l'une d'elles se trouve un petit pompe pour éliminer toute fuite dans l'espace de ballast. On observera que le bateau tire peu d'eau ; en fait, il y en a beaucoup plus au-dessus que sous l'eau, et sa stabilité dépend de sa grande largeur de largeur et de sa lourde quille.

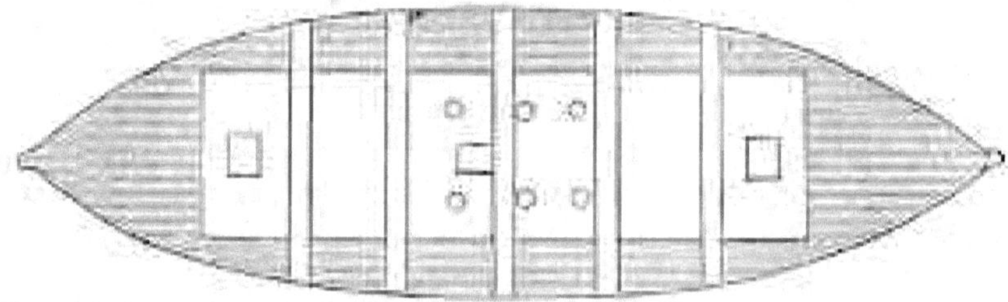

Ces quatre qualités du canot de sauvetage sont illustrées chaque année par de nombreux incidents passionnants de naufrage et de sauvetage. Examinons-en quelques-uns. D'abord, quant à la qualité *presque* indestructible. Prenez les preuves suivantes : -

Par une nuit terrible de l'année 1857, un brick portugais heurta les Goodwin Sands, non loin du bateau-phare qui marque l'extrémité nord de ces bancs fatals. Un coup de feu fut tiré et une fusée fut lancée depuis le bateau-phare pour signaler aux hommes à terre qu'un navire s'était retrouvé sur le sable. Aucun deuxième signal n'était nécessaire. Des yeux inquiets étaient aux aguets cette nuit-là. Instantanément, les hommes de Ramsgate sautèrent dans leur canot de sauvetage, qui se trouvait le long de la jetée. C'était un travail mortel qu'il fallait accomplir, - le vent était l'un des plus violents de la saison, - néanmoins les vaillants hommes étaient si impatients de monter dans le bateau qu'il était surchargé de personnel, et les deux derniers qui sautèrent à bord furent obligés de le faire. aller à terre. Un bateau à vapeur petit mais puissant est réservé à ce bateau. En quelques minutes, il le remorqua et se dirigea vers l'embouchure du port .

Ils chancelèrent au milieu de la marée et de la tempête, et se frayèrent un chemin à travers une mer épaisse et croisée qui les balaya encore et encore, jusqu'à ce qu'ils atteignirent le bord des Goodwins. Ici, le paquebot largue le bateau et l'attend, tandis qu'il se précipite dans les vagues et supporte seul le poids de la bataille.

Le brick fut difficilement retrouvé dans l'obscurité. Le canot de sauvetage a jeté l'ancre à environ quarante brasses et a viré sous son vent. Au début , ils espéraient faire descendre le navire, et des heures furent passées en vains efforts pour y parvenir. Mais la tempête redoubla de fureur ; le brick commença à se disloquer ; elle roulait d'un côté à l'autre, et les vergues se balançaient sauvagement dans les airs. Un coup porté par l'une de ces vergues aurait englouti le bateau, de sorte que l'équipage portugais - douze hommes et un garçon - fut retiré de l'épave et les bateliers s'efforcèrent de repartir. Pendant tout ce temps, le bateau flottait dans un bassin creusé dans le sable par le mouvement de l'épave ; mais la marée était descendue, et lorsqu'ils voulurent lever l'ancre, le bateau heurta lourdement le bord de ce bassin. Les hommes ont travaillé pour sortir des écueils, car seuls peuvent travailler ceux dont la vie dépend de leurs efforts. Ils réussirent à se remettre à flot un instant, mais frappèrent à nouveau et restèrent rapides. Pendant ce temps, le brick était soulevé par chaque vague et retombé avec un fracas de tonnerre ; ses poutres commencèrent à se briser comme des tuyaux, et à mesure qu'elle s'approchait de plus en plus, il devenait évident que la destruction n'était pas loin. La mer agitée provoquée par la tempête croissante a survolé le canot de sauvetage, de sorte que ceux qui se trouvaient à bord ne pouvaient que s'accrocher aux bancs pour sauver leur vie. Enfin , le brick s'approcha si près qu'il y eut du bruit parmi les hommes ; ils se préparaient au dernier combat, certains comptant sauter dans les agrès de l'épave et tenter leur chance ; mais le barreur a crié : « Restez au bateau, les garçons ! restez au bateau ! et les hommes obéirent.

À ce moment-là, le bateau s'est soulevé un peu sur les vagues et s'est à nouveau échoué. Un nouvel espoir en a été insufflé.

Les hommes tiraient sur l'aussière et poussaient avec force avec les rames. Ils réussirent à se sortir du danger immédiat, mais ne parvinrent toujours pas à lever l'ancre à cause du vent et de la marée. Le barreur comprit alors clairement qu'il ne lui restait qu'une seule ressource : couper le câble et traverser les Goodwin Sands. Mais il n'y avait pas encore assez d'eau sur les Sables pour les faire flotter ; ils tinrent donc bon, avec l'intention de rester à l'ancre jusqu'à ce que la marée, qui s'était retournée, monte. Mais très vite, l'ancre commença à glisser. Cela les obligea à hisser les voiles, à couper le câble plus tôt que prévu et à tenter de repousser les Sables. C'était en vain. Un instant encore, et ils frappèrent avec une force énorme. Un déferlant arriva en roulant vers eux, remplit le bateau, le rattrapa comme un jouet sur sa crête, et, le projetant à quelques mètres en avant, le laissa retomber avec un choc qui faillit lui arracher tous les hommes. Chaque casseur successif la traitait de cette manière.

Ceux qui habitent au bord de la mer connaissent bien les ondulations familières qui marquent le sable lorsque la marée est basse. Sur les Goodwin, ces ondulations sont des marches gigantesques, qui doivent être mesurées en pieds et non en pouces. D'une à l'autre de ces rives ce splendide bateau était lancé. Chaque vague rugissante l'attrapait par la proue ou la poupe et, le faisant tournoyer, l'envoyait s'écraser sur le rebord suivant. Les marins portugais semblaient perdre tout espoir et s'accrochaient aux bancs avec un désespoir silencieux ; mais l'équipage, au nombre de dix-huit, ne se décourage pas complètement. Ils connaissaient bien leur bateau, étaient souvent allés au combat avec lui, et espéraient qu'ils pourraient encore être sauvés si seulement il évitait de heurter les morceaux de vieilles épaves dont les Sables étaient jonchés.

Ainsi, littéralement, mètre par mètre, avec une succession de chocs qui auraient mis en pièces n'importe quel bateau ordinaire, ce canot de sauvetage a roulé pendant *deux* heures sur *deux* milles des Goodwin Sands. Finalement, ils s'enfoncèrent dans des eaux profondes ; les voiles étaient déployées ; et peu de temps après, grâce à la miséricorde de Dieu, ils ont débarqué l'équipage sauvé en toute sécurité à Ramsgate . Port .

De quelle autre preuve avons-nous besoin que le canot de sauvetage est presque, sinon totalement, indestructible ?

L'incident précédent prouve dans une certaine mesure que le canot de sauvetage est insubmersible . Aucun meilleur exemple ne pouvait être invoqué pour prouver la flottabilité du canot de sauvetage que celui du bateau de Tynemouth , nommé Constance, à l'épave du *Stanley* , en 1864. Dans ce cas, alors que le bateau s'approchait de l'épave, un la vague déferla sur la proue du *Stanley* , et tombant dans le Constance, la submergea complètement. À propos de cela, le barreur du canot de sauvetage déclare : « La mer est tombée sur la proue du Stanley et a enseveli le canot de sauvetage. Chaque rame était cassée au niveau du plat-bord du bateau et les extrémités extérieures étaient emportées. Les hommes s'emparèrent des rames de rechange ; trois étaient partis, il n'en restait que deux. Or, il faut remarquer que le barreur parle ici du bateau comme ayant été *enterré, coulé* par les vagues, et *immédiatement* , comme il le dit, « les hommes se sont emparés des rames de rechange ». Le naufrage et le saut à la surface semblent avoir été l'œuvre presque du même moment. Et c'est effectivement le cas ; car lorsque la force qui coule un canot de sauvetage est supprimée, il remonte à la surface à l'instant même comme un bouchon.

Afin de prouver la valeur de la qualité d'auto-redressement et la supériorité des canots de sauvetage qui la possèdent sur ceux qui en sont dépourvus, nous citerons brièvement trois cas, dont le dernier prouvera également la valeur de l'auto-redressement. qualité de vidange.

Le 4 janvier 1857, le canot de sauvetage de Point of Ayr, alors qu'il naviguait dans un coup de vent, s'est renversé à distance de la terre. L'accident a été vu du rivage ; mais aucune aide ne put être apportée, et tout l'équipage du bateau, au nombre de treize, fut noyé. On considérait que c'était un bon canot de sauvetage, mais il n'était pas auto-redressable ; et deux membres de son équipage ont été vus accrochés à la quille pendant vingt minutes, après quoi ils étaient épuisés et ont été emportés par les eaux.

Prenons un autre cas de bateau qui ne se redresse pas automatiquement. En février 1858, le canot de sauvetage Southwold, un grand voilier considéré comme l'un des meilleurs du royaume, sortit lors de la période d'exercice trimestrielle par gros temps et naviguait devant une mer agitée avec toutes les voiles déployées lorsqu'il courut soudainement au sommet d'une vague, abordé et bouleversé. Dans ce cas, l'équipage se trouvait heureusement près de la terre, portait ses ceintures de liège et fut traîné à terre, quoique avec difficulté ; mais trois amateurs, qui n'avaient pas de ceinture, périrent.

Ces deux cas se sont produits de jour.

Le troisième cas s'est produit la nuit, par une nuit de tempête très sombre en octobre 1858. Une épave avait été aperçue à environ trois milles au large de Dungeness, et le canot de sauvetage à cet endroit, un petit bateau à redressement et à vidange automatique appartenant au Royal National. Institution de canots de sauvetage – remise à plus tard, avec huit gros hommes de la garde-côte pour équipage. En arrivant à l'épave, peu après minuit, on constata que l'équipage l'avait abandonnée ; le canot de sauvetage est donc revenu vers le rivage. En s'en approchant, elle entra dans un chenal entre deux hauts-fonds, où elle fut rattrapée et frappée successivement par trois grosses vagues. Le barreur a perdu le contrôle du gouvernail ; elle fut emportée devant la mer, abordée et bouleversée, jetant hors d'elle son équipage. Aussitôt elle se redressa, se débarrassa de l'eau, et l'ancre, tombée, la fit remonter. Pendant ce temps, l'équipage, muni de ceintures de liège, flottait, regagnait le bateau, y grimpait au moyen des lignes de sauvetage accrochées à ses côtés, coupait le câble et revenait sain et sauf à terre.

Voilà pour la nature et les capacités de nos canots de sauvetage. Nous ne pouvons pas nous permettre d'en dire plus à leur sujet que de dire qu'ils sont le moyen, selon Dieu, de sauver plusieurs centaines de vies humaines chaque année sur les côtes du Royaume-Uni, en plus d'un grand nombre de navires et de biens, qui, mais pour eux, serait inévitablement perdu. La noble Institution qui les gère a été fondée en 1824 et est entièrement financée par des contributions volontaires.

A côté du canot de sauvetage, nous pouvons décrire ici à juste titre une autre espèce de navire qui, s'il ne sauve pas directement des vies, évite du moins le désastre en avertissant à temps du danger. On se réfère à:-

Bateaux-phares.

Ces balises flottantes sont ancrées dans le voisinage immédiat des nombreux bancs de sable qui s'étendent à l'embouchure de quelques-uns des principaux ports du royaume, notamment en Angleterre, et sur d'autres parties de nos côtes. Il existe de nombreux feux flottants autour de nos côtes, marquant des hauts-fonds sur lesquels des phares ne pourraient pas être facilement érigés.

Leur importance pour le transport maritime est incroyablement grande. L'illustration ci-jointe montre un navire passant devant le bateau-phare à la

Nore . L'impossibilité pour les navires d'entrer ou de sortir en toute sécurité du port de Londres sans l'aide de bateaux-phares, ainsi que de bouées et de balises, peut être mise en évidence par une simple indication des noms de certains des obstacles qui se trouvent dans l'embouchure. de la Tamise. Il y a les *Knock* Shoals, les East et West *Barrows* , le *John* , le *Sunk* , le *Girdler* et le *Long* Sands, tous couchés comme autant de requins terrestres attendant d'arrêter et d'engloutir les navires qui passent, ce qu'ils accomplissent malheureusement trop souvent. malgré les nombreuses précautions prises pour leur ravir leurs proies. La plupart des gens connaissent l'apparence des bouées, mais nous oserons dire que peu ont vu une bouée ou une balise ressemblant à celle de notre gravure, qui est une sorte de cage, attachée à une bouée, avec une cloche à l'intérieur qui sonne sous l'action des vagues . . Ce devait être quelque chose de ce genre qui était utilisé autrefois au célèbre « Bell Rock ».

Les bateaux-phares sont généralement des navires d'apparence maladroite, peints en rouge, ayant un mât solide au milieu du navire, avec une boule au sommet, d'environ six pieds de diamètre, faite de lattes légères. Cette boule est un objet très visible et indique clairement un bateau-phare au navire qui passe pendant la journée. La nuit, une énorme lanterne traverse le même mât et est hissée presque au sommet. Il est éclairé par plusieurs lampes argand à réflecteurs puissants. Certains bateaux-phares ont deux mâts, d'autres trois, avec une boule et une lanterne sur chacun. Certaines de ces lanternes contiennent des feux fixes, d'autres des feux giratoires, ces différences ayant pour but d'indiquer aux marins le feu particulier qu'ils croisent.

Ainsi, les Goodwin Sands, qui mesurent plus de dix milles de longueur, sont balisés par trois bateaux-phares. Celui du nord a trois mâts et trois feux *fixes*. Celui du sud comporte deux mâts et deux feux *fixes*. Celui qui se situe entre les deux, au large de Ramsgate et nommé Gull, a un mât et un *gyrophare*.

L'équipage d'un bateau-phare se compose d'environ neuf ou dix hommes,

dont chacun fait du service pendant deux mois à bord et un mois à terre, prenant leur tour à tour de rôle ; de sorte que le nombre d'hommes toujours à bord est d'environ sept. Lorsqu'ils sont à terre, ils s'occupent des bouées, ancres, chaînes-câbles et autres provisions de la Trinity House, qui a la charge de toutes les lumières, bouées et balises en Angleterre. Ils aident également à poser de nouvelles bouées et plombs, à retirer les anciens, etc.

Les bateaux-phares courent des risques considérables, car en plus d'être exposés à tout moment à toutes les tempêtes qui font rage sur nos côtes, ils sont parfois heurtés par des navires par temps de brouillard.

Le bateau-phare *Gull*, mentionné ci-dessus, occupe une position particulière et intéressante. Étant au centre même de tous les navires qui traversent les Downs, il échappe fréquemment de justesse et a été plusieurs fois endommagé par des collisions. Ce qui est merveilleux, c'est que, compte tenu de sa situation, elle n'a pas souvent « des difficultés ». Elle signale également le canot de sauvetage de Ramsgate , au moyen de canons et de roquettes, lorsqu'un navire est observé par son équipage comme ayant atteint le redoutable Goodwin Sands.

Nous avons eu le plaisir de passer une semaine à bord du bateau-phare *Gull* il n'y a pas longtemps et, une nuit, nous avons assisté à une scène très émouvante d'appel du canot de sauvetage. Nous conclurons ce sujet en citant la lettre suivante, que nous écrivions à l'époque, et en donnant un compte rendu détaillé.

Ramsgate , 26 mars 1870 .

Le témoin oculaire d'une bataille d'un point de vue inhabituel peut, sans présomption, croire qu'il a quelque chose d'intéressant à raconter. Je vous envoie donc un récit de ce que j'ai vu dans le bateau-phare *Gull* , au large de Goodwin Sands, dans la nuit de jeudi dernier, lorsque le *Germania* , du Bremen, a fait naufrage sur le South-Sand-Head. Habitant le bateau-phare *Gull* depuis une semaine et coupé de toute communication avec le rivage depuis plusieurs jours, je n'ai pas pu écrire plus tôt.

Notre guerre sans fin contre la tempête est bien connue. Voici un exemple de la manière dont cela se déroule.

Un peu avant minuit jeudi dernier (le 24), alors que je me roulais mal à l'aise dans ma « couchette », luttant contre le sommeil et le mal de mer, et moralisant sur la folie de ceux qui choisissent « la mer » pour métier, j'étais réveillé – et guéri instantanément – par le quart sur le pont qui criait soudain au second par l'écoutille : « Le phare *de South-Sand-Head* tire, monsieur, et envoie des roquettes. Le second sauta de sa « couchette » et se retrouva sur le sol de la cabine avant que la phrase ne soit bien terminée. J'ai emboîté le pas et j'ai enfilé un manteau, des vêtements de dessous et des chaussures, comme si ma vie dépendait de ma propre vitesse. Il y avait un besoin inhabituel de vêtements, car la nuit était extrêmement froide. Une couche de glace s'était formée même sur les embruns d'eau salée qui avaient soufflé sur les bateaux. En gagnant sur le pont, nous trouvâmes les deux hommes de service activement au travail, l'un chargeant le canon sous le vent, l'autre ajustant une fusée à son manche. Quelques questions précipitées du second lui arrachèrent tout ce qu'il fallait savoir. L'éclair d'un canon provenant du bateau- phare de *South-Sand-Head* , distant d'environ six milles, avait été vu, suivi d'une fusée, indiquant qu'un navire s'était heurté au mortel Goodwins. Pendant que les hommes parlaient, j'ai vu l'éclair brillant d'un autre canon, mais je n'ai entendu aucun rapport, à cause du vent transportant le son sous le vent. Une fusée suivit, et au même moment nous observâmes la lumière du navire en détresse juste sur la queue sud des Sands. A ce moment-là, notre canon était chargé et la fusée en position. « Regarde vivant, Jack ! prenez le tisonnier », cria le lieutenant en amorçant le fusil. Jack plongea par l'écoutille du compagnon et revint un instant plus tard avec un tisonnier chauffé au rouge, que le second avait enfoncé dans l'incendie de la cabine à la première alarme. Jack l'appliqua rapidement sur le pistolet et la roquette. Un éclair aveuglant et un fracas assourdissant furent suivis par le sifflement de la fusée alors qu'elle s'élançait avec une magnifique courbe au loin dans l'obscurité environnante. Ce fut notre réponse au feu de *South-Sand-Head* qui, après avoir tiré trois canons et trois roquettes pour attirer notre attention, cessa maintenant de tirer. C'était aussi notre message d'avertissement au guetteur de la jetée de Ramsgate Port . « C'est une beauté », a déclaré notre compagnon en faisant référence à la fusée ; « Lève-toi un autre, Jack ; épongez-la bien. Jacobs, nous leur donnerons une autre chance dans quelques minutes. Nos deux signaux étaient forts et clairs ; mais quatre milles et demi de distance et un nouveau vent neutralisèrent leur influence. La vigie ne les a pas vus. En moins de cinq minutes, le canon et la roquette furent de nouveau tirés. Toujours aucun signal de réponse n'est venu de Ramsgate . « Chargez le pistolet météo », dit le lieutenant. Jacobs obéit ; et je cherchai un abri sous le vent des pavois, car le vent semblait être composé de canifs et d'aiguilles. Notre troisième canon tonna et secoua le bateau-phare de la proue à la poupe ; mais la fusée heurta le gréement et effectua un vol bas et hésitant. Un autre fut donc envoyé ; mais à peine avait-il coupé sa ligne lumineuse à travers le ciel que nous observâmes le signal de réponse : une fusée provenant de Ramsgate Pier.

« Tout va bien maintenant, monsieur ; notre travail est terminé », dit le second en descendant et, se débarrassant de ses vêtements de dessus, il se rendit tranquillement ; tandis que le quart, après avoir épongé et recouvert le canon, reprenait sa promenade active sur le pont. J'avoue que j'ai été quelque peu déçu de cette fin soudaine du bruit et de l'excitation. On m'a dit que le canot de sauvetage de Ramsgate ne pourrait pas sortir dans moins d'une heure. Il semblait à mon esprit excité une chose terrible que des vies humaines soient mises si longtemps en danger ; et, bien sûr, j'ai commencé à penser : « N'est-il pas possible d'éviter ce retard ? Mais les esprits excités ne sont pas toujours les meilleurs juges en ces matières, bien qu'ils aient une irrésistible tendance à juger. Mais il n'y avait rien d'autre à faire que de la patience ; alors je me suis rendu, « tous debout », comme disent les marins, avec l'ordre que je serais appelé lorsque les lumières du remorqueur seraient en vue. Il sembla que quelques minutes plus tard, la voix du quart se fit de nouveau entendre crier à la hâte : « Canot de sauvetage tout près, monsieur. Je ne l'ai pas vu jusqu'à ce moment. Elle ne porte pas de lumière. J'ai bondi et, sans manteau, chapeau et chaussures, je me suis précipité sur le pont, juste à temps pour voir le canot de sauvetage *Broadstairs nous dépasser avant le* vent . Elle était proche sous notre poupe et rendue spectralement visible par la lumière de notre lanterne. "Pourquoi tirez-vous?" cria le barreur du bateau. "Navire sur le sable, cap vers le sud", répondit Jack de la pleine hauteur de sa voix de stentor. Le bateau ne s'est pas arrêté. Il passa dans un magnifique élan dans l'obscurité. La réponse avait été entendue ; et le canot de sauvetage a tiré droit comme une flèche à la rescousse. Nous entendons et lisons souvent de telles scènes, mais la vision est nécessaire pour permettre de comprendre toute la portée de tout ce qui se passe. Un étrange frisson m'a parcouru lorsque j'ai vu le bateau bleu et blanc familier sauter par-dessus les vagues écumantes. Je l'avais souvent vu en modèle réduit et tranquille dans son hangar à bateaux, lourd et disgracieux ; mais maintenant je le voyais, pour la première fois, doté de vie. Ainsi, j'imagine que les guerriers pourraient parler de notre cavalerie lourde telle que nous la voyons dans les casernes et telle qu'ils *la* voyaient à Alma. De nouveau, tout était silencieux et sans intérêt à bord du *Gull* . Je suis descendu en frissonnant, avec des idées exaltées sur le courage et l'endurance des sauveteurs. Peu de temps après, le guet cria une fois de plus : « Un remorqueur est en vue, monsieur ; » et une fois de plus, le second et moi sommes montés sur le pont. A cette occasion, le remorqueur *Aid* avait commis une erreur. Quelqu'un à terre avait rapporté que les canons et les roquettes avaient été vus jaillir des bateaux-phares *Gull* et *North-Sand-Head* ; alors que le rapport aurait dû provenir des navires *Gull* et *South-Sand-Head* . Ce seul mot était primordial. Cela impliquait une course inutile d'environ douze milles et une heure et demie de perte de temps. Mais nous mentionnons cela simplement comme un fait et non comme une plainte. Des accidents se produiront. Le service des canots de sauvetage de Ramsgate est admirablement réglementé, et pour une fois qu'une erreur de ce genre peut être signalée, nous pouvons citer des dizaines, voire des centaines, de cas dans lesquels le paquebot et le canot de sauvetage sont allés droit à vol d'oiseau à la rescousse. , et ont rendu de bons services dans des occasions où tous les autres canots de sauvetage auraient échoué, tant la valeur de la vapeur est grande dans de telles situations. Mais cette fois-ci, le remorqueur est arrivé tardivement et nous a hélé. Lorsque le véritable état de l'affaire fut établi, la direction fut rétablie et la marche fut lancée à toute vapeur. Le canot de sauvetage de Ramsgate , *Bradford* , était remorqué loin à l'arrière. Au fur et à mesure qu'elle passait devant nous, les brèves questions et réponses étaient répétées au profit du barreur du bateau. J'ai observé que tous les hommes dans le bateau étaient étendus à plat sur les bancs, à l'exception du barreur. Pas étonnant. Ce n'est pas chose facile de rester debout face à un vent violent, avec des embruns verglaçants et parfois une mer verte qui nous balaye. Ils étaient sans doute bien éveillés et écoutaient ; mais, du point de vue de la vision, ce bateau était équipé de dix cirés et de sou'-westers. Quelques secondes les firent disparaître de vue ; et ainsi, en ce qui concerne le bateau-phare *Gull* , *le drame prit fin.* Nous n'avions aucune possibilité d'en savoir davantage, du moins pendant cette nuit-là ; car quel que soit le résultat de ces efforts, les phares flottants n'avaient aucune chance d'en entendre parler jusqu'à la prochaine visite de leur offre. J'ai donc été obligé de me rendre une fois de plus, à trois heures du matin. Dans la matinée suivante, nous avons vu l'épave, de bas en haut, en haut des Goodwin Sands.

Vendredi matin, l' *Alert* — un appel d'offres pour les bateaux-phares de ce district, sous le commandement du surintendant de Trinity, le capitaine Vaile — s'est approché de nous, et nous avons appris le nom du navire, qu'il était une épave totale et que l'équipage , sept hommes, étaient montés sur leur bateau et avaient réussi à atteindre le bateau-phare de *South-Sand-Head* , *d'où ils furent presque immédiatement après pris par le canot de sauvetage de Deal et débarquèrent en toute sécurité à Deal.*

Il convient ici d'observer attentivement que, même si dans ce cas beaucoup d'énergie a été dépensée inutilement, il ne s'ensuit pas qu'elle soit souvent ainsi dépensée. Souvent – trop souvent – toute la force du service de sauvetage sur cette côte est insuffisante pour répondre à la demande. Les équipages des différents bateaux dans les environs des Goodwin Sands sont fréquemment appelés plus d'une fois par nuit ; et ils restent parfois dehors toute la nuit, visitant successivement diverses épaves. Dans tout ce travail, la valeur du remorqueur à vapeur est très frappante. Car il peut remorquer son bateau encore et encore au vent, et renouveler l'effort pour sauver des vies dans les cas où, sans aide, les canots de sauvetage seraient obligés de céder. En embarquant sur l'Alert, j'ai contourné l'épave à marée basse et j'ai *observé* que les lougres Deal grouillaient autour d'elle comme des mouches ; les équipages dépouillaient son fond de cuivre et sauvaient ses provisions, tandis que, apparemment, des centaines d'hommes étaient occupés sur son pont à démonter sa coque brisée.

Ceci, après tout, n'est qu'un épisode insignifiant du naufrage du Goodwins. De nombreuses épaves y sont chaque année bien plus dignes d'être enregistrées ; mais cela suffit pour donner une idée générale de la manière dont est menée notre grande guerre contre la tempête, de la rapidité avec laquelle les secours sont apportés et de l'énergie avec laquelle nos braves marins sont prêts à mettre leur vie en péril presque chaque nuit, tout le temps. tout le long de la côte et toute l'année.

Chapitre huit.

Quais et construction navale.

Après avoir traité dans les chapitres précédents des sujets sur la navigation et les navires anciens, et donné quelques détails sur les bateaux de l'époque actuelle, nous passons maintenant à l'écriture sur les navires modernes. Ce faisant, tournons d'abord notre attention vers : -

Le chantier naval.

Si nous étions un créateur d'énigmes, nous demanderions à notre lecteur : « Pourquoi un navire ressemble-t-il à un être humain ? » » et ayant ajouté : « Vous abandonnez ? » répondrait : « Parce que la vie commence dans un berceau » ; mais n'étant pas un fabricant d'énigmes, nous *ne* posons pas cette question à notre lecteur. Nous attirons simplement son attention sur le fait que les navires, comme les hommes, ont non seulement une enfance, mais aussi des berceaux, dont nous parlerons plus loin.

Entrons dans une de ces pépinières navales, le chantier naval, où l'on voit les navires commencer leur carrière. Quelle scène c'est ! Quel sciage, quel battement, quel limage, quel meulage, quel clinchage et quel martelage, sans interruption, du matin à midi et de midi jusqu'à la rosée du soir ! Quelle Babel de sons et quel chaos de matière indescriptible !

Ce petit garçon que vous voyez debout sous l'ombre de cette coque, les mains dans les poches (bien sûr), la bouche ouverte (probablement) et les yeux fixés sur les ouvriers qui se regroupent comme des abeilles sur les membrures et les poutres. de ce vaisseau infantile est resté là pendant plus d'une heure, et il restera là, ou à peu près, pendant de nombreuses heures encore ; car c'est justement ses vacances chez lui, et il adore les ports et les chantiers navals. Tout son être y est enveloppé.

Et c'est assez naturel. La plupart des garçons aiment contempler des œuvres incompréhensibles et prodigieuses. Laissez-nous, vous et moi, lecteur, suivre l'exemple de ce gamin, en gardant cependant la bouche fermée, sauf lorsque nous avons l'intention de parler, et les yeux ouverts.

Il y a ici des navires de toutes formes et de toutes tailles, depuis le petit caboteur jusqu'au grand East Indiaman, qui, dans son état inachevé, ressemble au squelette de quelque terrible mégathérium du monde antédiluvien. Certains de ces petits navires sont surmontés d'un énorme hangar pour les protéger des intempéries ; d'autres sont dépourvus d'une telle protection : car les navires, comme les hommes, semble-t-il, sont sujets aux vicissitudes de la fortune. Alors que les « grands » du monde des chantiers navals sont confortablement logés, les petits sont souvent exposés aux secousses intermittentes des éléments grossiers, même dès leur naissance.

Il y a ici aussi des navires dans tous les états de progression. Là, juste à côté de vous, il y a un « petit » né hier. La quille vient d'être posée sur les blocs ; et il faudra de nombreuses longues journées de décrochage, de sciage et de martelage avant que l'enfant ne prenne l'apparence hérissée d'un squelette antédiluvien. Là-bas se trouve la coque d'un navire presque achevée. C'est un nourrisson gigantesque et qui a l'aspect d'un enfant très épanoui. Il a évidemment une constitution robuste et une charpente robuste. Peut-être pourrons-nous revoir le chantier naval demain et voir ce navire lancé.

En plus de ces deux-là, il y a des navires dont les nervures sont partiellement relevées, et des navires dont les bordés sont partiellement relevés ; et dans une partie plus éloignée du chantier, il y a un ou deux vieux navires remontés haut et à sec, pour que leurs fonds soient réparés et leurs coutures relancées, après maintes et courageuses batailles contre les vagues de l'océan.

Maintenant que nous avons examiné à notre guise l'aspect général du chantier naval, descendons un peu plus dans les détails. Nous parlerons d'abord de : -

Nature et utilisation des quais.

Il existe deux types de quais : secs et humides. Une cale sèche est généralement construite avec des portes, pour admettre ou exclure la marée.

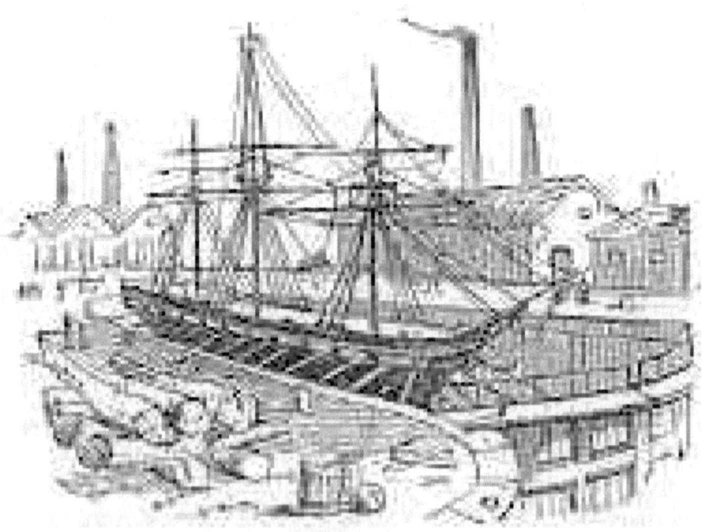

DRY-DOCK.

Lorsqu'un navire arrive d'un long voyage et a besoin de réparations à la partie inférieure de sa coque, il faut le sortir de l'eau d'une manière ou d'une autre.

Ce but est fréquemment atteint en ce qui concerne les petits navires en les faisant simplement rouler doucement sur la plage plate de sable ou de boue d'une baie ou d'un port , de sorte que, lorsque la marée se retire, ils soient laissés au sec. Mais il serait dangereux et peu pratique de procéder ainsi avec de grands navires, c'est pourquoi des cales sèches ont été construites à cet effet. Ils sont construits de telle sorte que lorsque la marée est forte, les cales sèches sont également pleines. Lorsqu'elle est ainsi pleine d'eau, les portes d'une cale sèche sont ouvertes et le grand navire est traîné lentement à l'intérieur, après quoi les portes sont fermées. La marée se retire alors, la laissant dans ce bassin d'eau. Le navire est ensuite calé de tous côtés avec des

poutres, de telle manière qu'il se tient debout, « sur une quille plate », et ainsi, la pression sur sa coque étant également répartie, il n'est pas endommagé. Ensuite, l'eau est évacuée au moyen des écluses des portes, ou bien elle est pompée et le navire est laissé à sec. Lorsque la marée revient, les portes et les écluses sont toutes fermées, et son entrée dans le quai est empêchée, jusqu'à ce que le navire soit réparé, lorsque l'eau entre lentement. À mesure que le navire flotte, les étais et les supports tombent, le les portes de son hôpital s'ouvrent, et elle repart, dans toute la vigueur de sa santé recrutée, pour se frayer un chemin sur les flots des grands abîmes.

Une cale humide est quelque peu similaire à une cale sèche, la principale différence étant que les navires qui s'y trouvent flottent dans l'eau.

Mais les quais ne sont pas seulement utilisés pour réparer et construire des navires. Ils sont également utilisés pour les charger et les décharger ; et comme les navires y entrent et en sortent presque constamment, la scène occupée, animée et active qu'ils présentent est toujours agréable.

Les principaux quais du Royaume-Uni sont les suivants : -

Quais sur la Tamise , à savoir quais des Indes orientales et occidentales, quais de Londres, quais de Saint Katherine, quais commerciaux, quais de Victoria.

Quais de Southampton .

Quais de Liverpool et de Bristol .

Quais de coque .

Quais de Glasgow.

Quais de Dundee.

Quais de Leith.

Quais de Birkenhead.

Voilà pour les quais en passant. Tournons maintenant notre attention vers le processus de : -

Construire un navire.

Comme nous pensons qu'il est hautement improbable qu'un de nos lecteurs ait l'intention de devenir charpentier ou architecte naval, nous ne les inquiéterons pas avec des explications techniques. Donner une idée générale et facile à comprendre de la manière de construire un navire est tout ce que nous tenterons. Seuls les noms des parties fréquemment ou occasionnellement mentionnées dans la littérature générale doivent être indiqués.

Le terme *navire* est employé dans deux significations. Dans un langage familier, il désigne tout navire, grand ou petit, qui navigue sur l'océan avec des voiles. Dans le langage nautique, il se réfère uniquement à un navire ayant trois mâts, chacun composé d'un mât inférieur, d'un mât supérieur et d'un mât supérieur. Actuellement, nous utilisons le terme *navire* dans le sens familier.

Des dessins élaborés et compliqués ayant été préparés, le constructeur naval commence son travail.

La *quille* est la première partie d'un navire qui est posée. C'est la poutre qui longe le fond d'un bateau ou d'un navire d'un bout à l'autre. Dans les grands navires, la quille est constituée de plusieurs pièces assemblées. Ses utilisations sont d'amener le navire à conserver une route directe dans son passage dans l'eau ; vérifier la dérive que tout navire a tendance à prendre ; et pour modérer le mouvement de roulement. La quille est également la base, ou fondation, sur laquelle repose toute la superstructure et est, par conséquent, extrêmement solide et solide. Le meilleur bois pour les quilles est le teck, car il n'est pas susceptible de se fendre.

Après avoir posé fermement la quille sur un lit de blocs de bois, dans une position telle que le navire, une fois terminé, puisse glisser dans l'eau à l'arrière, le constructeur naval procède ensuite à l'érection de l'étrave et de l'étambot.

L' *étrave* s'élève à partir de l' extrémité *avant* de la quille, pas tout à fait perpendiculairement à celle-ci, mais légèrement inclinée vers l'extérieur. Il est formé d'une ou de plusieurs pièces de bois, selon la dimension du navire ; mais quel que soit le nombre de pièces utilisées, il s'agit toujours d'une poutre unique et uniforme en apparence. C'est à cela que sont ensuite fixées les extrémités des planches du navire. Son bord extérieur s'appelle le *coupe-eau* , et la partie du navire qui l'entoure s'appelle la *proue* .

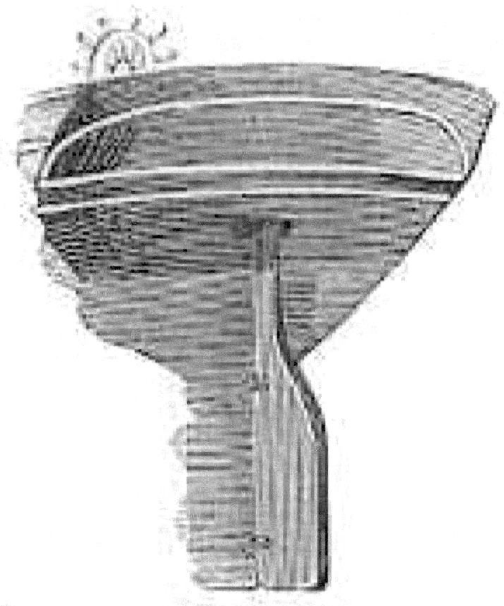

L' *étambot* s'élève à l'extrémité opposée de la quille et s'incline également un peu vers l'extérieur. C'est là que sont fixées les extrémités du bordé et la charpente de la partie arrière du navire. À cela est également attachée la partie la plus petite mais la plus importante d'un navire, le *gouvernail* . Le gouvernail, ou gouvernail, est un petit morceau de bois qui s'étend le long de l'arrière de l'étambot et qui y est suspendu de manière mobile au moyen de ce qu'on peut appeler de grands crochets et œillets en fer. Au moyen du gouvernail, le marin guide le navire dans la direction qui lui plaît. Le contraste entre la taille insignifiante du gouvernail et son immense importance est très frappant. Son pouvoir sur le navire est ainsi mentionné dans l'Écriture : « Voici aussi les navires qui, bien qu'ils soient si grands et poussés par des vents violents, sont néanmoins dirigés avec un très petit gouvernail, partout où le gouverneur le souhaite . » Le gouvernail est déplacé d'un côté à l'autre par une énorme poignée ou levier sur le pont, appelé *barre franche* ; mais comme dans les grands navires, le gouvernail est difficile à mouvoir par un dispositif aussi simple, plusieurs cordes ou chaînes et poulies y sont attachées et reliées au tambour d'une roue devant laquelle se tient le *timonier* . Dans les plus grands navires, deux hommes, et par mauvais temps quatre hommes, sont souvent postés à la barre.

Les *côtes* du navire apparaissent ensuite. Ce sont des poutres en bois courbées, qui s'élèvent de chaque côté de la quille et y sont solidement boulonnées. Ils servent le même objectif à un navire que les os à la structure humaine : ils le soutiennent et lui donnent de la force ainsi que de la forme.

Les *planches* suivent les nervures. Ceux-ci sont larges et varient en épaisseur de deux à quatre pouces. Ils forment la peau extérieure du navire et sont fixés aux membrures, à la quille, à l'étrave et à l'étambot au moyen d'innombrables épingles de bois ou de fer, appelées *clous d'arbre* . Les espaces entre les planches sont calfeutrés, c'est-à-dire *remplis* d'étoupe ; cette substance est simplement le câble non torsadé de vieilles cordes goudronneuses. Une figure de proue d'une sorte ornementale ayant été placée sur le dessus et à l'avant de l'étrave, juste au-dessus du coupe-eau, et une poupe plate et ornementale, avec des fenêtres pour éclairer la cabine, la coque de notre navire est complète. . Mais les aménagements intérieurs restent à décrire, même si, bien entendu, ils ont progressé en même temps que le reste.

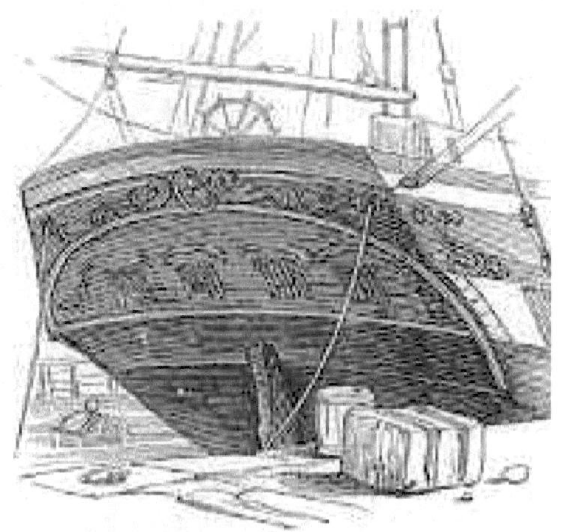

Les *poutres* d'un navire sont des poutres en bois massives, qui s'étendent d'un côté à l'autre en une série de niveaux. Ils servent à lier les côtés entre eux, à les empêcher de s'effondrer et à soutenir les tabliers, ainsi qu'à donner une compacité et une grande résistance à l'ensemble de la structure.

Les *terrasses* sont simplement des planchers en planches cloués aux poutres et remplissent à peu près les mêmes fonctions que les planchers d'une maison. Ils contribuent également à renforcer le navire longitudinalement. Tous les navires possèdent au moins un pont complet ; la plupart en ont deux, avec un demi-pont à l'arrière, appelé *gaillard d'avant*, et un autre à l'avant, appelé gaillard *d'avant*. Mais les ponts des grands navires sont encore plus nombreux. Celles d'un vaisseau de guerre de premier ordre sont les suivantes : nous commençons par le plus bas, qui est considérablement sous la surface de la mer :

Le pont Orlop, le pont Gun, le pont intermédiaire, le pont supérieur, le pont arrière et la dunette, ce dernier pont étant le pont le plus élevé de tous, un très petit pont à l'arrière.

Ainsi, un navire de guerre est une maison flottante à six étages, la dunette étant le grenier, et le pont en or, les caves. Les ponts supérieurs sont éclairés par des lucarnes ; ceux plus bas par des hublots (ou canonnières) et des fenêtres ; le plus bas de tous par des bougies ou des lampes, la lumière du jour étant à jamais bannie de ces sombres régions sous-marines !

Les *pavois* s'élèvent au-dessus du pont supérieur, tout autour du navire, et servent à protéger le pont supérieur des vagues et à soutenir les *goupilles d'assurage* auxquelles les cordages sont attachés. Dans les navires de guerre, le sommet des pavois forme une sorte de gouttière tout autour du navire, dans laquelle sont rangés chaque matin les hamacs (les lits oscillants) des hommes. Cette auge est appelée *filets pour hamacs*, et les hamacs sont placés là pour être bien aérés. En action, les pavois servent à protéger l'équipage des tirs de mousqueterie.

La *roue* , dont nous avons déjà parlé, se trouve habituellement à l'arrière du navire, sur le gaillard d'arrière ; mais on le place parfois sur une plate-forme élevée au milieu du navire, afin que le timonier puisse voir plus clairement où il va.

L' *habitacle* se trouve directement devant la roue. C'est une espèce de boîte, solidement fixée au pont, dans laquelle est placée la boussole. Il est entièrement recouvert et comporte une vitre à travers laquelle l'homme au volant peut observer la direction qu'il prend.

Le *cabestan* se trouve sur le pont principal, parfois près du centre du navire, parfois près de la proue ou de la poupe. Il s'agit d'un bloc de bois massif se déplaçant sur un pivot, qui est retourné par des leviers en bois, appelés barres de cabestan, ou *pointes à main* , et est utilisé pour tout usage nécessitant une grande force *de traction* , par exemple pour tirer le câble. , ou déformer le navire ; ce qui signifie qu'une corde est fixée sur le rivage ou par une ancre au fond de la mer, et que l'autre extrémité est enroulée autour du cabestan, de sorte que lorsque le cabestan est forcé par les pointes à main, la corde s'enroule sur et le navire est lentement entraîné vers l'avant.

Le *guindeau* est simplement un cabestan horizontal au lieu d'un cabestan perpendiculaire. Son seul rôle est de lever l'ancre et il est placé près de la proue du navire.

La *cuisine* , ou cuisine, est généralement située à proximité du guindeau, dans la partie avant du navire. Ici, le cuisinier règne en maître ; mais cette cuisine nautique est merveilleusement petite. Elle est juste assez grande pour contenir la cheminée et les « cuivres », avec une petite étagère sur laquelle le cuisinier (toujours un homme, et souvent un nègre) exerce les fonctions de sa charge.

Les différents ponts inférieurs sont divisés au moyen de murs en planches, appelés *cloisons* , en une variété de couchettes et d'appartements ; et la plus grande partie du centre du navire (chez les navires marchands) est appelée cale *et* est réservée à la cargaison.

La *coque* du navire étant terminée, elle est maintenant recouverte d'une couche de goudron qui préserve le bois de l'action des intempéries et contribue à rendre les coutures étanches. Certains navires sont gainés depuis la quille jusqu'à un peu au-dessus de leur ligne de flottaison avec de fines feuilles de cuivre, pour les préserver plus efficacement de la déchirure et de l'usure, et surtout pour les défendre contre les balanes et les insectes marins qui autrement s'y attacheraient.

Étant maintenant prêt à être lancé depuis son berceau vers la mer – sa future maison – nous procéderons dans notre prochain chapitre à la description du processus de lancement.

Chapitre neuf.

Le lancement, etc.

Les navires commencent leur vie avec un mouvement rétrograde ; ils imitent les crabes : c'est-à-dire qu'ils sont lancés sévèrement en avant. Qu'ils soient grands ou petits, longs ou courts, qu'ils soient vêtus de cuivre patricien ou enduits de goudron plébéien, ils partent tous pour leur premier voyage avec leurs étambots faisant office de coupe-eau, et aussi sans mâts ni voiles. Ces compléments nécessaires, et une foule d'autres, sont ajoutés après avoir été serrés au sein de leur mer natale. Il y a une exception notable à cette règle, le lancement du célèbre *Great Eastern* , dont le monstre des profondeurs a été forcé dans son élément *de côté* , dont un compte rendu complet sera trouvé dans une autre partie de ce volume.

Les *berceaux* sur lesquels les navires sont lancés sont des charpentes de bois, construites de manière à glisser sur un plan incliné, appelé les *voies* , emportant avec eux leurs fardeaux dans l'eau. Lorsqu'un navire est prêt à être lancé, les *rives* , ou supports, qui l'ont maintenu si longtemps en position sont renversées une à une, jusqu'à ce que tout le poids du navire repose sur le berceau. Les *voies* sont alors bien graissées, et il ne reste plus qu'à faire tomber une ou deux chèques restants pour permettre au navire de chercher sa future demeure au moyen de son propre poids.

Mais avant que ce dernier acte soit accompli, il faut fixer un jour pour le lancement ; les amis des propriétaires doivent être invités à monter à bord lors de ce premier voyage ; il faut demander à une belle jeune fille de se soumettre à la cérémonie consistant à donner son nom au navire ; et les paragraphes doivent faire le tour des journaux. À mesure que l'heure approche, des foules d'êtres humains, jeunes et vieux, hommes et femmes, doivent se précipiter sur place pour assister au grand événement, et des centaines de petits garçons doivent demander congé à l'école (s'ils le peuvent) ; en bref, il faut faire un grand bruit, et un grand jour doit se lever, avant que les derniers rivages ne soient renversés, et que la noble structure soit autorisée à se précipiter sur ce plan incliné et à fendre pour la première fois les vagues.

Et maintenant, après avoir montré comment s'effectue le lancement de notre navire, passons à la prochaine étape vers son achèvement ; car il lui reste encore beaucoup à faire avant qu'elle soit capable de braver la tempête.

Gréement d'un navire.

Même si l'installation des mâts inférieurs d'un navire ne peut pas vraiment être considérée comme faisant partie du gréement, nous en décrirons néanmoins ici l'opération.

Comme les mâts inférieurs d'un grand navire ont de cinq à six pieds de circonférence, il est évident qu'il faut un dispositif mécanique puissant pour les élever au-dessus des pavois et les mettre en position verticale, à leur place désignée. De tels appareils, sous forme d'énormes grues, sont fixés dans certains des plus grands quais ; mais la méthode la plus utile est de faire poser les mâts au moyen de :

Le cisaillement Hulk . Il s'agit d'une coque de navire solidement construite, amarrée dans une partie d'une rivière ou d' un port qui offrira une profondeur d'eau permettant de faire flotter des navires de toutes tailles à ses côtés. Il a un gros mât, auquel sont attachées deux immenses poutres près du pont, et s'inclinant vers l'extérieur sur les pavois de telle manière que leurs extrémités surplombent le pont du navire dans lequel les mâts doivent être placés. Ces poutres inclinées sont empêchées complètement de tomber par-dessus bord, et leur inclinaison est réglée par des blocs et des palans provenant du mât de la carcasse. Au moyen de cet appareil, qui n'est qu'une gigantesque grue flottante, les lourds mâts inférieurs des grands navires sont élevés et abaissés à leur place.

Une fois ceux-ci réparés, le gréement du navire commence. La méthode de publication ne peut pas intéresser le grand public ; pas même aux garçons, car lorsqu'ils se mettent à gréer des modèles réduits de bateaux, ils n'ont pas besoin des appareils mécaniques qui sont nécessaires au gréement des grands navires. Mais tous les lecteurs d'histoires maritimes et nautiques trouveront le plus grand avantage, pour leur compréhension claire de ce qu'ils lisent, à avoir une idée générale des noms et des utilisations des principales parties du gréement d'un navire.

Nous consacrerons donc un petit espace à l'explication de ce sujet. Et d'abord, examinons les *mâts* .

Ceux-ci varient en taille, en forme et en nombre selon les navires, mais dans tous, ils servent le même objectif : soutenir les voiles. Les mâts inférieurs des grands navires ne sont jamais formés d'un seul arbre. Ils s'avèrent plus solides lorsqu'ils sont constitués de plusieurs pièces reliées ensemble par de solides cerceaux de fer. Les mâts sont parfois constitués de trois parties distinctes. Le mât *inférieur*, le mât *supérieur* et le mât *supérieur*. Dans la plupart des grands navires, il y a trois mâts, chacun comportant trois parties. Le mât central , étant le plus grand, est le *grand mât* ; celui de devant, qui est le suivant en taille, est le *mât de misaine* ; et celui qui suit la poupe, le plus petit, s'appelle l' *artimon*
.

Bien que nous ayons parlé de *mâts inférieurs* par souci de clarté, le nom n'est jamais utilisé. Le nom du mât lui-même désigne la partie inférieure de celui-ci. Pour nommer les mâts dans l'ordre, nous avons le Mât d'avant. Grand mât. Mât d'artimon. Avant-haut-mât. Mât principal. Mât d'artimon. Mât avant-hautgalant. Mât principal à galant. Mât d'artimon-topgallant.

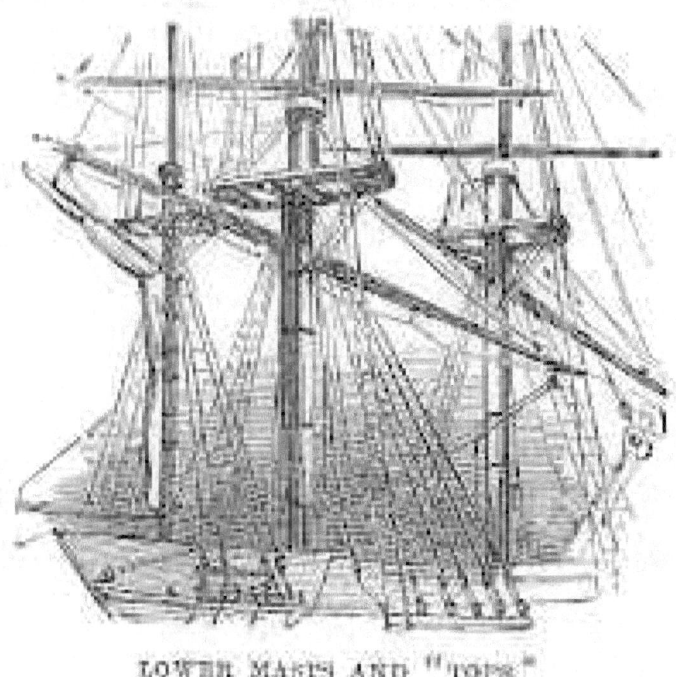

Les parties des différents mâts sont reliées et fixées au moyen d' *arbres transversaux* et *de chapeaux* , qui portent le nom du mât et de la partie du mât

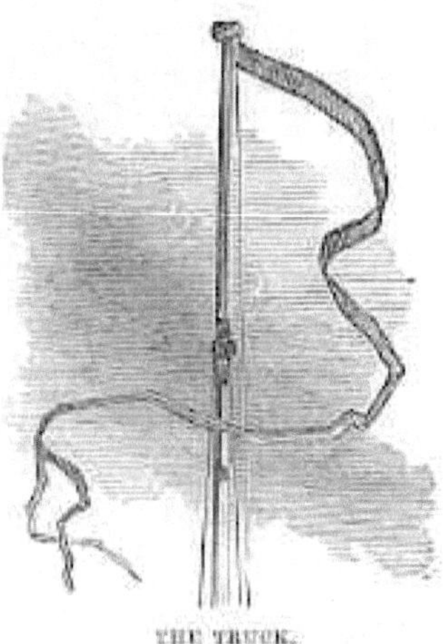

auquel elles appartiennent. Ainsi, nous avons les arbres *transversaux de l'avant-sommet* , les *arbres transversaux de l'avant-sommet-mât* , les arbres *transversaux du sommet principal* et *les arbres transversaux du mât principal* , etc. Observez, en particulier, que le *faîte* , *le grand faîte* et *le faîte d'artimon* sont les plates-formes, ou arbres transversaux, au sommet des mâts *inférieurs* , et non, comme pourraient bien le supposer les terriens, l'extrême sommets de ces mâts. Les objets en forme de boutons au sommet des mâts sont appelés les *camions* ; qui, en plus de former une sorte de finition, sont munies de petites *poulies* , à travers lesquelles passent *des drisses de signalisation* ou des cordes pour hisser les drapeaux.

Dans les navires de guerre de premier ordre, les *toupies* sont si grandes qu'un certain nombre d'hommes peuvent y stationner. Outre leurs autres fonctions, ils sont très fréquemment utilisés comme lieu de punition pour les aspirants, ou « middies » (les jeunes officiers), qui y sont souvent envoyés pour s'aérer et profitent, s'ils le peuvent, d'une réflexion calme dans un esprit exalté. solitude.

Les haubans et *les haubans* sont les cordes épaisses qui maintiennent les mâts fermement en position. Ils font partie de ce qu'on appelle les « trains dormants » d'un navire, c'est-à-dire les cordages qui sont des fixations, pour les distinguer des « trains roulants », ces cordages mobiles, au moyen desquels les voiles, les bateaux, les drapeaux , etc., sont hissés. Presque tous les cordages d'un navire portent le nom du mât, du vergue ou de la voile avec lequel ils sont reliés. Nous avons ainsi les *haubans principaux* , les *haubans principaux de hune* et les *haubans principaux de haut-mât* ; le *pataras principal* , le *pataras principal-topgallant* , et ainsi de suite, ceux des autres mâts portant le

même nom, à l'exception du premier mot, qui, bien sûr, indique le mât particulier auquel il est fait référence. Les haubans s'élèvent des *chaînes* , qui sont une série de blocs appelés « yeux morts », fixés sur les flancs du navire. C'est à ceux-ci que sont fixés les haubans, ainsi qu'aux mâts près des cimes ; ils servent à empêcher les mâts de tomber *latéralement* . Les pataras les empêchent de tomber *vers l'avant* , et *les étai* les empêchent de tomber *vers l'arrière* , ou « vers l'arrière ». En outre, les haubans sont attachés à de petites cordes croisées appelées *ratlines* , au moyen desquelles les matelots montent et descendent sur des échelles de corde pour *enrouler* , c'est-à-dire attacher, ou *dérouler* , c'est-à-dire dénouer ou secouer, le voiles.

Notre coupe représente un matelot montant les haubans du mât d'artimon. Il saisit les *haubans* et se tient debout sur les *ratlines* .

Les vergues sont les lourds poteaux ou poutres en bois auxquels les voiles sont attachées.

Les pointes de ris sont les petites cordes que l'on peut observer pendre en rangées successives sur toutes les voiles, au moyen desquelles *des parties* des voiles sont rassemblées et attachées autour des vergues, réduisant ainsi leur taille par temps de tempête. D'où des expressions nautiques telles que «

prendre un ris », ou « double ris », et « prendre un ris serré », ce dernier impliquant qu'une voile doit être réduite à ses plus petites dimensions possibles. La seule réduction supplémentaire possible serait de le replier complètement, près de la vergue, ce qui serait appelé « enrouleur », et ce qui le rendrait totalement inefficace. Pour enrouler ou ris les voiles, les hommes doivent monter sur les mâts et *s'étendre* sur les vergues. C'est un travail très dangereux par temps orageux. Beaucoup de pauvres gens, alors qu'ils risaient les voiles dans une nuit sombre et tumultueuse, ont été projetés du chantier dans la mer, et n'ont jamais entendu parler d'autre chose. Toutes les vergues d'un navire, à l'exception des trois plus grandes, peuvent être hissées et abaissées au moyen de *drisses* . Les mâts supérieurs peuvent également être abaissés, mais les mâts inférieurs, bien entendu, sont des luminaires.

Le *bout-dehors* d'un navire est un mât qui fait saillie horizontalement ou en

DOWSPRIT.

biais depuis la proue. Il est parfois en deux ou trois morceaux, parfois en un seul. Y sont attachés le *foc* et le *foc volant* , ainsi qu'une variété de cordages et d'étais qui sont reliés au mât d'avant et le soutiennent.

Les *têtes de chat* sont deux poutres courtes qui dépassent de la proue de chaque côté et soutiennent les ancres du navire.

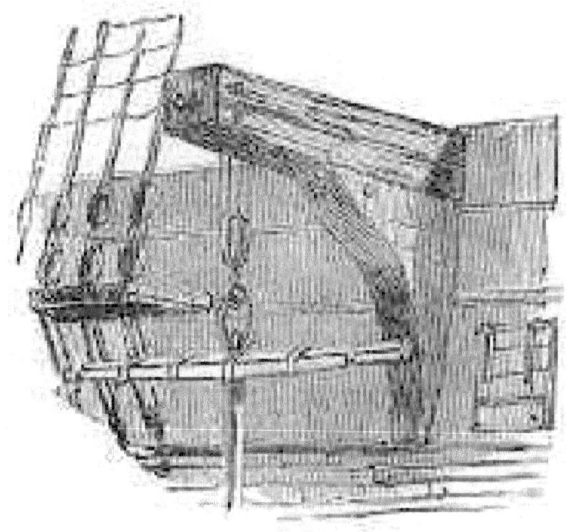

CAT HEAD.

Divers.— *Les* ouvertures des ponts sont appelées écoutilles *;* les escaliers qui descendent aux cabines sont appelés *compagnons* . Les poulies par lesquelles les voiles, etc., sont hissées sont appelées *blocs* . *Les renforts* sont les cordes par lesquelles les voiles sont solidement fixées dans n'importe quelle position.

Tirer une corde *tendue* , c'est la tirer tendue. Le côté *exposé au vent* d'un navire désigne le côté qui se trouve être présenté au vent ; le côté *sous le vent* , celui qui est à l'abri du vent et donc abrité. Le côté *tribord* signifie le côté droit, le *côté bâbord* signifie le côté gauche ; mais comme les deux mots se ressemblent, le mot *port* est toujours utilisé pour bâbord pour éviter les erreurs dans la criée des ordres. *Relever le plomb* consiste à lancer un lourd plomb en plomb, auquel est attachée une ligne, dans la mer pour en déterminer la profondeur. On le jette des *chaînes* le plus loin possible en avant du navire, afin qu'il puisse atteindre le fond et se trouver perpendiculairement au-dessous de l'homme qui le hisse lorsque le navire arrive à l'endroit où il est entré dans l'eau. Un cri particulier et musical est poussé par celui qui tire le plomb à chaque fois qu'il le lance. Le gaillard d'avant est l'habitat des marins ordinaires et est généralement appelé dans le langage nautique le *foge-s'l* .

La plupart de ce que nous venons de décrire s'applique plus ou moins à chaque navire ; mais cela sera vu dans les prochains chapitres. En attendant, nous recommandons sérieusement à tous ceux qui ont trouvé ce chapitre aride de revenir au titre intitulé « Gréer un navire » et de le relire à nouveau avec une attention sérieuse.

Chapitre dix.

Navires côtiers.

Le cabotage des îles Britanniques est rempli de dangers, et cependant il est pratiqué avec la plus grande vigueur ; et il y a toujours beaucoup de « mains », comme on appelle les marins lorsqu'on parle des navires, pour manœuvrer les navires. Le trafic auquel ils se livrent est le transport des marchandises particulières à une partie de notre île vers une autre partie où elles sont en demande.

En décrivant ces vaisseaux, nous commencerons par le plus petit.

Sloops.

Comme tous les autres navires, les sloops varient en taille, mais aucun d'entre eux n'atteint une grande ampleur. En tant que classe, ce sont les plus petits navires pontés que nous ayons. Une charge de 40 à 100 tonnes est une taille très courante. Un sloop de 40 tonneaux est ce que nous appelons

ordinairement un *petit* navire, et un sloop de 100 tonneaux n'est en aucun cas un gros. La coque d'un tel navire étant destinée exclusivement au transport de marchandises, très peu de place est laissée à l'équipage. Les cabines des sloops de plus petite taille sont rarement assez hautes pour permettre à un homme ordinaire de se tenir debout. Ils sont généralement capables de loger deux personnes dans la cabine et trois ou quatre dans le gaillard d'avant, et un tel logement est loin d'être suffisant. La classe à laquelle appartiennent les navires est déterminée principalement par le nombre de leurs mâts et par la disposition et la forme de leurs voiles.

La particularité distinctive du sloop est qu'il n'a qu'un seul mât ; et son gréement est, d'un point de vue nautique, *d'avant en arrière* , c'est-à-dire que les voiles sont déployées avec leurs surfaces parallèles aux côtés du navire, et *non* étirées sur des vergues *à travers* le navire. Le terme « avant et arrière » est dérivé de la partie *avant* et de la partie *arrière* du navire. Les voiles *avant et arrière* sont donc celles qui sont déployées sur des vergues qui pointent d'avant en arrière, et non à travers le navire. Nous pensons que cette explication élaborée est

nécessaire pour certains lecteurs et, par conséquent, nous ne nous excusons pas de l'avoir faite. Un navire dont les voiles sont réparties sur la coque est dit à *gréement carré* . Parfois, cependant, un sloop porte une et même deux voiles carrées.

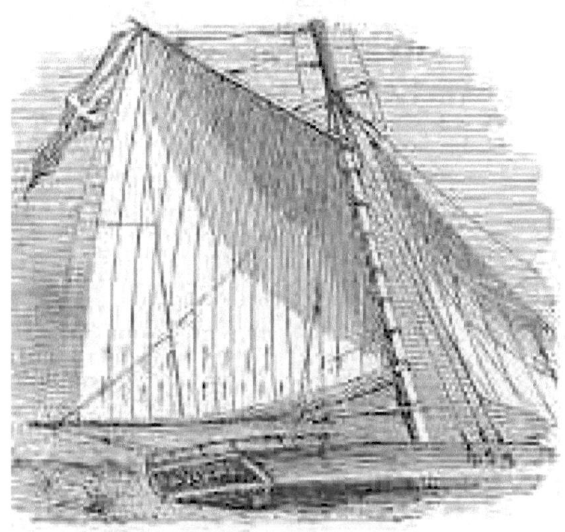

Les mâts, vergues et voiles d'un sloop sont les suivants : Comme on l'a déjà dit, une des particularités distinctives d'un sloop est qu'il n'a qu'un *seul* mât. Ce mât est tantôt formé d'un *bâton* , tantôt de deux ; le second, ou haut-mât, étant fixé au sommet du mât inférieur par *des traverses* et *un chapeau* , de telle manière qu'il puisse être hissé ou abaissé à volonté. Un sloop a généralement quatre voiles : une grand-voile, une voile d'avant, une gaffe et un foc. La *grand-voile* est derrière le mât inférieur. Il s'étend depuis quelques pieds du pont jusqu'au sommet du mât inférieur, et s'étend sur deux mètres vers l'arrière ou

après une partie du navire, au-dessus de laquelle il fait saillie de quelques pieds. La vergue inférieure de la grand-voile s'appelle la bôme, et la vergue supérieure la vergue de la grand-voile. C'est de loin la plus grande voile du sloop. Au-dessus est déployée la *gaffe* , qui est comparativement une petite voile, et qu'on utilise quand le vent n'est pas très fort. La *voile d'avant* est une écoute triangulaire, qui traverse l' *étai d'avant* ; c'est-à-dire la corde solide qui va de la tête de mât inférieure à la proue, ou à la partie avant du sloop. Sur le

bout-dehors est tendu le *foc* , une autre voile triangulaire, qui atteint presque le sommet du mât inférieur. La seule voile qui s'élève au-dessus du mât inférieur est la gaffe. Par temps de tempête, cette voile est toujours démontée. Si le vent devient violent, le foc est abaissé et amarré au bout-dehors.

Si le vent augmente, un ris est pris dans la grand-voile. Un, deux, trois, quelquefois quatre récifs sont pris, selon la violence de la tempête ; lorsque le dernier ris est pris, le sloop est sous la *grand-voile* à ris serré. La violence accrue de la tempête nécessite de rentrer la grand-voile et de la *placer* sous la voile d'avant, ou une partie de celle-ci. Mentir, c'est mettre la tête du sloop face au vent et placer la barre dans une position telle qu'elle tend à faire tourner le navire dans une direction, tandis que le vent agissant sur la voile d'avant tend à la forcer dans une autre direction, et ainsi il reste stationnaire entre les deux forces opposées. De nombreux navires *s'allongent ainsi* et affrontent la tempête la plus violente. Parfois, cependant, un terrible ouragan surgit et oblige les navires à rentrer toutes les voiles et à « *fuir sous le vent ». mâts nus* », c'est-à-dire *conduire devant* le vent sans aucune voile ; et c'est à de telles époques que l'homme est forcé de ressentir sa totale impuissance et sa dépendance absolue à l'égard du Tout-Puissant. Bien sûr, il existe de légères variations dans le gréement des sloops : certains ont une *voile carrée* , d'autres un *foc volant* ; mais ce ne sont pas des voiles distinctives, et elles sont rarement utilisées dans les petites embarcations.

Sans aucun doute, ceux de nos lecteurs qui ont habité sur les côtes de la mer ont dû remarquer que les bateaux et les navires naviguent fréquemment dans des directions exactement opposées, bien qu'ils soient soumis au même vent. Cet apparent paradoxe peut s'expliquer ainsi :

Supposons un navire dont la proue et la poupe sont aiguisées et exactement identiques, de sorte qu'il puisse naviguer en arrière ou en avant avec la même facilité. Supposons également qu'il ait deux mâts exactement identiques à tous égards, l'un près de la proue, l'autre près de la poupe. Supposons encore une voile carrée tendue entre les deux mâts, bien plate ; et rappelez-vous qu'il s'agirait d'une voile *avant et arrière* , c'est-à-dirc unc voile s'étendant sur la longueur et non sur la largeur du navire.

Eh bien, si une brise soufflait directement contre le flanc d'un tel navire, soit elle le renverserait, à plat sur le côté, soit elle le pousserait lentement sur le côté au-dessus de l'eau, à la manière d'un *crabe* . Maintenant, retirez l'un de ces mâts, par exemple celui de la poupe, et érigez-le près du côté sous le vent du navire (c'est-à-dire loin du côté au vent), en gardant toujours la voile déployée. L'effet immédiat serait que la voile ne se présenterait plus *à plat* face au vent, mais en diagonale. Le vent donc, après s'être heurté contre lui, glissait violemment en direction du mât enlevé, c'est-à-dire vers l'arrière. Ce faisant, cela pousserait bien sûr le navire dans la direction opposée ; sur le même principe qu'un garçon, lorsqu'il saute violemment d'une chaise, non seulement envoie son corps dans une direction, mais envoie la chaise dans la direction opposée. Ainsi, lorsque le vent saute de la voile vers la poupe, il envoie le navire dans la direction opposée, c'est-à-dire vers l'avant. Inversez ceci ; ramenez le mât que vous avez retiré à son ancienne place au centre du pont, et déplacez le mât *avant* près des pavois sous le vent. Le vent va maintenant glisser de la voile vers la *proue* et forcer notre navire dans la direction opposée, c'est-à-dire vers l'arrière ; de sorte que, avec le même vent latéral, deux navires peuvent naviguer dans des directions exactement opposées.

Au moyen du gouvernail et en plaçant les voiles dans diverses positions, de manière à les faire appuyer d'une manière particulière contre les mâts, on peut faire naviguer les navires non seulement avec un vent latéral, mais avec une brise soufflant beaucoup. *contre* eux – dans la phraséologie nautique, on peut les faire naviguer « près du vent ». Bref, ils peuvent naviguer dans toutes les directions, sauf directement dans les « dents » du vent. Certains navires naviguent plus près du vent que d'autres ; leurs puissances à cet égard dépendent beaucoup de la coupe de leurs voiles et de la forme de leurs coques.

Le *Briquet* est une petite espèce de navire caboteur, rude et maladroit, généralement du type sloop. Il est utilisé pour décharger les cargaisons de grands navires dans les ports et au large des côtes où la profondeur de l'eau n'est pas grande. Les briquets sont généralement des embarcations d'aspect pittoresque avec des voiles sales, et ils portent rarement des huniers de quelque sorte que ce soit. Rarement pontés, ce sont plutôt des bateaux énormes que de petits navires. Mais les allèges ne sont pas classés selon leur gréement : ils peuvent être de n'importe quel gréement, bien que celui du sloop soit le plus communément adopté.

Le coupeur.

Cette espèce de navire est semblable, à presque tous égards, au sloop ; la seule différence étant qu'il est construit de meilleure qualité et plus élégant. Les

CUTTER-RIGGED YACHTS.

yachts de plaisance pour messieurs sont souvent des cotres ; mais les yachts peuvent être de n'importe quelle forme ou gréement, c'est-à-dire qu'ils peuvent appartenir à n'importe quelle *classe* de navires sans changer leur nom de *yacht* . Les cutter-yachts sont beaucoup plus élégamment moulés et gréés que les sloops que nous venons de décrire. Ils sont *construits en clipper* , c'est-à-dire que la coque est de forme lisse et nette ; l'eau coupée, en particulier, est comme un couteau, et l'arc comme un coin. En bref, bien que semblable dans ses grandes lignes, un cotre- yacht entretient la même relation avec un sloop de commerce qu'un coureur avec un cheval de trait. Leurs voiles sont également plus grandes en proportion, et ce sont des vaisseaux à voile rapide ; mais, pour cette raison même, ils ne sont pas d'aussi bons *bateaux de mer* que leurs frères maladroits, dont la proue abrupte ou arrondie s'élève sur les vagues, tandis que les navires pointus les traversent et inondent souvent les ponts d'embruns.

Dans notre gravure, nous avons plusieurs yachts gréés en cotre naviguant par vent *latéral léger* , avec grand-voile, gaffe, misaine et foc.

La goélette.

C'est le navire le plus élégant et, pour les petites embarcations, le plus maniable qui flotte. Ses proportions sont plus agréables à l'œil que celles de toute autre espèce de bateau, et son gréement est apprécié des propriétaires de yachts, surtout de ceux dont les yachts sont grands. Les particularités distinctives de la goélette sont qu'elle porte deux mâts, qui habituellement « *s'inclinent vers l'arrière* », ou s'inclinent beaucoup en arrière ; et son gréement est principalement longitudinal, comme le sloop. Des deux mâts, celui *d'arrière* est le *grand mât* . L'autre est appelé le *mât d'avant* . Les voiles d'une goélette sont : la *grand-voile* et la *gaffe* , sur le grand-mât ; la *voile d'avant* , *la voile d'avant* et *la voile d'avant* (les deux dernières étant des voiles carrées), sur le mât de misaine. Devant le mât de misaine se trouvent la *trinquette* , le *foc* et le *foc volant* ; ces dernières sont des voiles triangulaires. Si une goélette était coupée en deux au milieu, dans le sens de la largeur, la partie avant serait à tous égards un sloop à hunier carré ; la partie arrière serait également un sloop, sans le bout-dehors et les voiles triangulaires *devant* le mât. Les goélettes portent parfois une grande voile carrée, qui se déploie lorsque le vent est « exactement vers l'arrière ». Ils sont très utilisés dans le cabotage ; et l'un de leurs grands avantages est qu'ils peuvent être travaillés avec moins de « mains » que les sloops de même taille.

Le brick.

En avançant pas à pas dans notre enquête sur le gréement particulier et la construction des navires, nous arrivons au *brick* . Cette espèce d'embarcations est habituellement, mais pas nécessairement, plus grande que celles qui ont été décrites ; il est généralement construit à une plus grande échelle que la goélette et se rapproche souvent en taille du navire à trois mâts de taille normale.

Les caractéristiques distinctives du brick sont qu'il possède *deux* mâts, tous deux *gréés en carré* . C'est une espèce d'embarcation particulièrement utile et, lorsqu'elle est de grande taille, elle est très utilisée dans le commerce extérieur.

L'avantage du gréement carré sur le gréement longitudinal est que les voiles, étant plus petites et plus nombreuses, sont plus faciles à manœuvrer et

nécessitent moins d' hommes ou de « mains » pour les manœuvrer. Ainsi, plus nous augmentons la dimension de notre navire, plus il est nécessaire qu'il soit gréé en carré. L'immense grand-voile du sloop et de la goélette ne pouvait pas être appliquée aux grands navires ; de sorte que lorsque les hommes en vinrent à construire des navires pesant plusieurs centaines de tonnes, ils furent obligés d'augmenter le *nombre* des mâts et des voiles et d'en diminuer la taille ; c'est pourquoi, probablement, les bricks ont été conçus *d'après* les goélettes. Le grand mât d'un brick est celui de l'arrière.

Les voiles portent le nom des mâts auxquels elles sont attachées, c'est- à-dire la *grand-voile* ; au-dessus de cela, le *hunier principal* ; au-dessus de cela, la *voile principale-galante* ; et quelquefois une toute petite voile, nommée la *royale* , est déployée au-dessus du tout. Derrière la grand-voile se trouve une petite voile avant et arrière semblable à la grand-voile d'une goélette, appelée bôme *-grand-voile* . Sur le mât d'avant se trouve une voile similaire, appelée *voile d'essai* . Attachés aux vergues respectives des navires à gréement carré, il y a des poteaux ou des bras plus petits, qui peuvent être poussés à volonté, et la vergue est allongée, afin de recevoir une petite aile de marin supplémentaire de chaque côté. Ces ailes sont appelées *voiles à crampons* ou *voiles étourdissantes* et ne sont utilisées que lorsque le vent est bon et léger. Ils portent le nom des voiles auxquelles ils sont attachés ; ainsi, il y a les *voiles paralysantes principales* , les *voiles paralysantes principales* et les *voiles paralysantes principales* , etc. L'avant-mât d'un brick est plus petit que le grand mât. Il porte une *voile d'avant* , *une voile d'avant* , *une voile d'avant* et *une voile d'avant-roi* . Entre lui et le bout-dehors se trouvent la *voile d'avant* , *le foc* et *le foc volant* . Les trois dernières voiles sont à peu près semblables sur *tous* les navires. Toutes les vergues, etc., sont hissées et déplacées, et maintenues dans leur position, par un arrangement compliqué de cordages, qui dans la masse est appelé le gréement courant, par opposition au gréement dormant, qui, comme nous l'avons dit, est *fixe* et maintient les mâts, etc., de manière immobile en position. Pourtant, chaque corde, qui aux yeux d'un terrien semble être une confusion ahurissante, a son nom distinctif et son objectif spécifique.

Les bricks et les goélettes, étant des embarcations légères et maniables, sont généralement utilisées par les pirates et les contrebandiers pour poursuivre leurs poursuites anarchiques, et de nombreux actes de sang et d'horreur ont été commis à bord de ces embarcations par ces mécréants.

Le Brigantin.

Le gréement de ce navire est un mélange de celui du sloop et du brick. Le brigantin est gréé en *carré* sur le mât d'avant et gréé en sloop sur son mât arrière ou d'artimon. De ses deux mâts, celui de devant est le plus grand et constitue donc le mât principal. En bref, un brigantin est un navire mixte, c'est-à-dire un brick à l'avant et un sloop à l'arrière.

Tels sont nos caboteurs ; mais il ne faut pas oublier que les navires de cette *classe* ne sont pas confinés à la côte. Lorsqu'elles sont construites de très grande taille, elles sont destinées au commerce en haute mer, et de nombreuses goélettes se rapprochent en taille des « navires » à gréement complet.

Chapitre onze.

Navires de grande taille.

Nous parlons maintenant de navires de grande taille, qui étendent à la brise un imposant nuage de toile et s'embarquent pour des voyages qui impliquent parfois le tour du monde.

La Barque .

Ce navire est le deuxième plus grand que le brick. Il ne s'ensuit cependant pas que le fait qu'il soit plus grand en fait une barque . Certains bricks sont plus grands que les barques , mais *généralement* la barque est le plus grand navire. La différence entre une barque et un brick est que la première a *trois* mâts, les deux avant étant à gréement carré et l'artimon à gréement avant et arrière. Le mât central est le mât principal. Le gréement des deux mâts avant d'une barque est presque exactement semblable à celui d'un brick, celui de l'artimon est semblable à celui d'un sloop. Si vous deviez placer un *mât d'artimon gréé à l'avant et à l'arrière* dans la partie arrière d'un brick, cela le transformerait en barque .

Le terme *clipper* désigne simplement la netteté particulière de la construction et la finition du gréement qui assurent la plus grande vitesse, et ne spécifie aucune classe particulière. Il existe des sloops clipper, des yachts clipper, des navires clipper, etc. Une barque clipper n'est donc qu'une barque à voile rapide .

Les caractéristiques particulières de la construction du clipper sont une netteté semblable à celle d'un couteau de l'eau de coupe et de l'étrave, et une coupe extrêmement correcte des voiles, de sorte que celles-ci puissent être tirées aussi serrées et plates que *possible* . Trop de renflement dans une voile est un inconvénient dans la manière de naviguer. En fait, la planéité est un désir si important que les expérimentateurs ont plus d'une fois appliqué à leurs clippers des voiles faites de *fines planches de bois ;* mais nous ne savons pas si cela s'est avéré être une grande amélioration. Les mâts de tous les clippers, à l'exception de ceux du gréement du sloop ou du cutter, s'inclinent généralement beaucoup vers l'arrière, c'est-à-dire qu'ils penchent vers l'arrière ; une position qui est censée tendre à augmenter la vitesse. Les navires marchands sont rarement de type clipper, car la netteté de cette formation particulière diminue considérablement l'espace disponible pour la cargaison.

Le bateau.

La plus grande classe de navires qui flotte sur la mer est le *navire à gréement complet* , dont la particularité distinctive est que ses trois mâts sont *tous* gréés en carré, avec l'ajout d'une ou deux voiles avant et arrière.

Comme l'avant et le grand mât d'un « navire » sont exactement semblables à ceux d'une barque , qui ont déjà été décrits, nous nous contenterons de remarquer que le *mât d'artimon* est semblable à presque tous égards aux deux autres, sauf que c'est plus petit. Les voiles dessus sont : la *fessée* (une voile avant et arrière faisant saillie sur le pont arrière), la *voile d'artimon* et *la voile d'artimon* , qui sont toutes deux des voiles carrées. Au-dessus de tout cela, un « navire » dresse parfois de petites voiles carrées appelées les *royales* ; et, au-dessus de ceux-ci, *des voiles célestes* .

Chapitre douze.

Murs en bois et en fer.

On peut dire que la naissance de la marine britannique a eu lieu sous le règne du roi Alfred. Ce grand et bon roi, dont la sagesse et la prévoyance n'avaient d' égale que sa valeur , possédait une flotte de plus de cent navires. Avec eux, il combattit les Danois jusqu'à la mort, pas toujours avec succès, pas toujours même en se défendant ; car les Danois, à cette époque précoce de leur histoire, étaient une race de guerriers marins robustes, non moins habiles que courageux. Mais c'est sans aucun doute au roi Alfred, avec ses navires de guerre à bec et à rames, qu'il revient d'avoir jeté les bases de l'ascendant maritime de l'Angleterre.

L'Angleterre sous les Normands ne semble pas avoir beaucoup désiré exceller dans l'entreprise maritime, mais il en était autrement à l'époque Plantagenêt. Henri II possédait une flotte des plus redoutables, comptant environ cinq cents navires de guerre. Sous le règne de son successeur, les Anglais recoururent à un nouvel artifice de guerre navale qui mérite d'être remarqué. L'amiral anglais fit placer dans ses navires un certain nombre de barils de chaux non éteinte. Ayant amené sa flotte au vent de l'ennemi, les Français, il ordonna de verser de l'eau sur la chaux. Cela soulevait naturellement une fumée grande et dense qui, soufflée par le vent jusqu'au visage des Français, empêchait ces derniers de voir de quel côté ils étaient attaqués. La panique s'éleva et se répandit parmi les navires français, et la victoire revint facilement aux Anglais.

La marine d'Édouard III comptait onze cents navires lorsqu'il entreprit l'invasion de la France. Mais la grande majorité d'entre eux n'étaient pas à proprement parler des navires de guerre : en fait, il n'y avait que cinq navires de guerre entièrement équipés ; le reste était pour la plupart des navires marchands convertis pour le moment en navires de combat et en transports. La marine du roi Philippe de France, bien que numériquement plus faible, dépassait de loin celle du roi d'Angleterre en termes d'équipement. Sur les quatre cents navires qui le composaient, pas moins d'une centaine avaient été construits exprès pour la guerre, selon les meilleurs principes d'architecture navale alors connus. Les arcs, les catapultes, les javelots et les armes de même nature étaient les engins offensifs utilisés des deux côtés, et avec eux, de nombreux ravages étaient causés au corps à corps. Les Anglais furent victorieux, malgré l'équipement plus scientifique de leurs ennemis. Les navires français furent arraisonnés et la fleur de la force navale du roi Philippe dut périr ce jour-là.

Henri VII fit beaucoup pour l'amélioration de la marine anglaise. C'est sous son règne que fut construit le *Great Harry* , *qui fut en réalité le premier* grand navire construit directement pour la Royal Navy. Jusqu'ici les navires employés par l'Angleterre à la défense nationale ou à l'offensive avaient été fournis par certaines villes maritimes ; mais le *Grand Harry* était la propriété du peuple. Il fut construit en 1488 et possédait des hublots pour les canons sur le pont inférieur, étant le premier navire ainsi construit. Le *Great Harry* fut ensuite de loin surpassé par un autre navire du roi Henri, le *Grace de Dieu* , qui ne pesait pas moins de mille tonnes et transportait sept cents hommes et cent vingt-deux canons (certains auteurs ne mentionnent que quatre-vingts canons).) dont les plus gros ne pesaient que dix-huit livres. La *Grâce de Dieu* était un quatre mâts construit en 1515.

Il convient maintenant de mentionner une époque de l'histoire maritime de l'Angleterre, qui fut à certains égards la plus brillante et la plus importante ; une période où le nom de l'Angleterre est devenu synonyme sur les mers de tout ce qu'il y avait de plus intrépide et de plus réussi dans l'entreprise maritime ; une époque d'aventures audacieuses et de réalisations splendides, qui a finalement établi l'Angleterre comme la première puissance navale parmi les nations d'Europe.

Ce n'est cependant pas sans une lutte longue et acharnée que cette suprématie fut conquise. Les Français, les Espagnols et les Néerlandais contestèrent tour à tour la prétention de l'Angleterre à la souveraineté des mers. Il n'est pas nécessaire de répéter ici l'histoire souvent racontée de la défaite de l'Armada espagnole, ni encore l'histoire presque aussi familière de nos fréquentes rencontres navales avec les Hollandais à l'époque de l'amiral Blake et du grand amiral hollandais Van Tromp . Ces conflits furent longs et désespérés, et seuls un courage indomptable et une persévérance obstinée auraient pu assurer la victoire aux navires anglais, car dans presque tous les cas, nos ennemis étaient numériquement les plus forts.

Aux jours trois fois célèbres de Nelson, c'étaient encore nos « murs de bois » qui portaient le drapeau de l'Angleterre de triomphe en triomphe. Lors de la bataille de Trafalgar , le *Victory* et le navire français le *Redoutable* furent rapprochés l'un de l'autre et, dans cette position, se déversèrent volée après volée sur les pavois de l'autre, jusqu'à ce qu'il faille jeter de l'eau sur les flancs des navires pour les empêcher de s'enflammer. . Le *Victory* était un grand navire à son époque, mais il ne pesait pas plus de deux mille tonnes et ses canons n'étaient qu'au nombre de cent deux.

Mais finalement le jour est arrivé où il est devenu évident que la gloire de nos « murs de bois » s'était installée. Dans la fleur de sa force intellectuelle et physique, l'empereur Louis Napoléon était un homme au cerveau actif et subtil, et c'est à son ingénieuse invention que le premier navire de guerre cuirassé doit sa naissance. Les batteries flottantes protégées par des plaques de fer ont été utilisées pour la première fois pendant la guerre de Crimée. Il devenait évident que les grands progrès réalisés dans la fabrication des canons devaient nécessiter un système amélioré de blindage défensif pour les navires de guerre. Aucun navire en bois susceptible d'être construit ne pouvait être à l'épreuve des nouveaux canons qui commençaient rapidement à être utilisés.

Les Français, comme on vient de l'indiquer, furent les premiers à se lancer dans le combat avec le nouveau type de navires de guerre. *La Gloire* fut construite et fut rapidement suivie par notre propre *Warrior*. La charpente de *La Gloire* était construite en bois, mais recouverte d'une plaque de fer de quatre pouces et demi d'épaisseur. Le *Guerrier* était construit sur une charpente de fer, et son blindage est de la même épaisseur que celui de *La Gloire* ; le revêtement est en teck massif de dix-huit pouces d'épaisseur, qui est à nouveau soutenu par un revêtement intérieur en fer. La longueur du *guerrier* est de trois cent quatre-vingts pieds, mais seulement les deux tiers environ sont plaqués de fer.

À cette époque, aux débuts des cuirassés, le coup le plus lourd pouvant être lancé par n'importe quelle arme à feu était un canon de soixante-huit livres. Des armes de ce calibre contre lesquelles le *Guerrier* et sa classe étaient à l'épreuve. Mais les canons augmentèrent rapidement en taille et en puissance, et l'épaisseur du blindage avec lequel les navires étaient protégés dut être augmentée proportionnellement. La classe de navires de guerre qui succéda au *Warrior* était entièrement recouverte de plaques de fer, dont l'épaisseur a été augmentée de temps en temps. Depuis la construction du premier cuirassé, une compétition - car c'est le seul qu'on puisse appeler - s'est déroulée entre le fabricant de canons et le constructeur naval, celui-ci s'efforçant de construire un canon capable de percer le blindage le plus épais que l'on puisse imaginer . le navire peut transporter, l'autre ajoutant pouce après pouce à ses plaques de blindage , afin qu'elles soient à l'épreuve des tirs ; et on peut dire que ce concours a lieu à cette heure.

Y aura-t-il jamais le même roman sur les navires de guerre d'aujourd'hui , sur ce que seront ceux de l'avenir, nous ne voulons pas spéculer, et sur les vieux « murs de bois » dont les prouesses en haute mer ont fondé la gloire maritime de l'Angleterre ? Un Dibdin se lèvera-t-il un jour pour chanter une *Dévastation* ou un *Glatton* ? Un *Dévastation* ou un *Glatton peuvent* -ils jamais inspirer des pensées et des images poétiques ? On dirait que le chanteur ne doit pas être doté à un degré ordinaire du feu sacré qu'un thème tel qu'une tourelle cuirassée moderne devrait amener à l'énonciation lyrique. On a dit que tout le romantisme de la route s'était éteint avec l'époque des entraîneurs ; et certainement une locomotive, avec son long train noir de wagons d'aspect pratique, ne constitue pas un élément aussi pittoresque dans le paysage qu'une vieille diligence avec son conducteur en blouse rouge, son garde klaxonnant et son équipe de courageux. gris; mais un train ferroviaire est une incarnation de la poésie comparé à un navire-tourelle. Mais s'il est vrai que la poésie et le romantisme doivent de plus en plus cesser d'être associés à notre marine, nous devons simplement l'accepter, car rien n'est plus sûr que, quels que soient les navires de guerre du futur, nous ne pourrons plus *jamais* revenir à l'époque des vieux bateaux en bois.

Plusieurs difficultés opposées doivent désormais être rencontrées dans la construction des cuirassés. L'invulnérabilité à l'égard des canons ennemis, la protection des hommes à bord, la vitesse et la facilité de conduite en mer, tous ces points doivent être soigneusement considérés ; et la difficulté est qu'une qualité est en guerre contre une autre. Un navire pourrait être construit qui serait à l'épreuve de tous les canons qui pourraient être conçus, et pourrait alors se révéler totalement ingérable et dangereux en mer. Il faut donc trouver un équilibre de qualités, et cet équilibre parfait n'est en aucun cas encore atteint. Chaque année, nous pourrions dire chaque mois, voit naître un nouveau type de navire de guerre blindé , construit dans tous les cas à un coût énorme. Le nouveau monstre marin semble assez redoutable en toute conscience ; mais la question qui se pose à l'instant où elle quitte le quai est la suivante : est-elle en état de naviguer ? Et avec le sort du *Capitaine* et du *Vanguard* dans nos mémoires, la question pourrait bien se poser. L'histoire des navires de guerre modernes a été, jusqu'à présent, une histoire mêlée de succès et d'échecs. L'épigramme sur nos navires de guerre – notre « flotte sous-marine » – ne doit-elle pas, dans une certaine mesure, sa pertinence à sa vérité ?

Parmi les différents types de navires de guerre modernes, les plus redoutables jamais conçus sont sans aucun doute les béliers *à vapeur* et *les tourelles* . Le bélier à vapeur est armé d'un puissant bec d'acier, avec lequel il charge un ennemi à peu près de la même manière que les galères de guerre des temps anciens chargeaient un ennemi, ou comme un espadon attaque son adversaire. Le navire-tourelle porte une ou plusieurs tourelles circulaires à l'épreuve des tirs, dans lesquelles un ou plusieurs canons sont actionnés par l'équipage, les canons pouvant être tournés et pointés dans n'importe quelle direction. Les tourelles et les béliers à vapeur sont, bien entendu, plaqués en fer.

Les navires de cette description furent utilisés pour la première fois par les Américains lors de la grande guerre civile. On peut dire que les carrières du *Merrimac* et *du Monitor* font désormais partie de l'histoire nationale américaine. Le *Merrimac* fut le premier bélier à vapeur plaqué en fer. C'était à l'origine une frégate en bois ; fut abattu, recouvert de fer et muni d'un bélier. Lors de sa célèbre rencontre avec le *Congrès* et le *Cumberland* , deux frégates en bois des fédéraux, il a fumé aux côtés du premier, a lancé un feu ratissant, puis, se tournant vers le *Cumberland* , a attaqué ce navire avec son bélier. Du

Cumberland , elle fit un travail rapide ; car, s'étant déchiré une déchirure béante au côté, elle y versa un feu dévastateur, s'accrochant au bec de fer pointu dont sont munis les béliers à vapeur.

Puis, se retirant à une courte distance, elle chargea de nouveau son adversaire et délivra un second feu terrible, jusqu'à ce que le *Cumberland* finisse par couler. La Merrimac a ensuite tourné son attention vers le *Congrès* , dont elle a scellé le sort en une demi-heure environ. Le premier coup de feu provoqua d'effrayantes destructions, tuant tous les hommes devant l'un des canons, faisant sauter les cloisons, semant le pont d'un carnage trop horrible pour qu'on s'y attarde, et finalement incendiant le navire. Le *Congrès* a enfin pris ses couleurs , mais pendant la nuit il a explosé.

Ce redoutable navire dut ensuite baisser ses couleurs devant le *Monitor* , au sens figuré, car il ne se rendit pas réellement, mais se retira après un combat de quelques heures. Dans cette lutte remarquable, le *Merrimac* subit beaucoup de dégâts, sans réussir à infliger à son ennemi quelque chose d'aussi considérable ; en fait, le *Monitor* est sorti indemne de l'action .

Les changements qui s'opèrent dans la construction des navires de guerre sont si divers et si rapides, que nous ne pouvons tenter ici de faire autre chose que de noter quelques-uns des principaux ; et même ce qui est mentionné comme nouveauté maintenant, avant la parution de ces pages, peut avoir cessé d'être des nouveautés.

Le fer est maintenant employé dans presque toutes les parties d'un navire de guerre, les mâts eux-mêmes étant dans de nombreux cas des tubes creux en fer à travers lesquels le gréement courant peut être descendu lorsqu'il risque d'être endommagé par le feu de l'ennemi. La majorité des cuirassés modernes sont construits dans des compartiments, avec cet avantage que, si un dommage est subi dans une partie du navire et que l'eau s'engouffre par l'espace créé par le tir ou toute autre cause, le navire flottera toujours jusqu'à ce que l'eau peut être libéré à nouveau.

Le navire à tourelle cuirassé américain *Monitor* a donné son nom à toute une classe de navires construits ces dernières années pour la marine anglaise ; mais à bien des égards, nos navires sont supérieurs à leur prototype américain. Tous ces navires, caractérisés par des francs-bords bas et l'absence de mâts et de voiles, combattent avec leurs canons depuis des tourelles. Ils sont parfois appelés « navires de défense côtière », car ils ont été construits principalement pour le service domestique.

Parmi ces « moniteurs anglais », quatre – le *Cyclope* , *la Gorgone* , *Hécate* et *l'Hydre* – sont construits sur des principes identiques. En apparence, ils peuvent être mieux comparés à un radeau surmonté d'une batterie, d'où s'élèvent une forteresse ou une batterie, divers entonnoirs et un mât de drapeau. Le pont n'est qu'à trois pieds et demi au-dessus du niveau de la mer. Pendant que les navires sont au port, le pont est couvert d'un auvent et d'une rampe ronde ; mais la marquise et la balustrade sont enlevées lorsque les navires prennent la mer.

La batterie ou forteresse est au centre du navire et occupe environ un tiers de sa longueur et les trois quarts de sa largeur. Le pont environnant est affleurant, sa surface n'étant interrompue que par les lucarnes, au nombre de trois. Les lucarnes ne laissent pénétrer qu'une lumière faible et faible jusqu'aux quartiers des officiers et des marins en contrebas ; mais même cela fait défaut au moment de l'action, lorsqu'un bouclier pare-balles remplace les fenêtres en verre.

Le pont de la classe des navires de guerre que nous décrivons est composé de deux couches de placage de fer d'un demi-pouce d'épaisseur chacune, soutenues par des poutres de fer, et de deux couches de teck massif doublées de quatre pouces d'épaisseur. Les flancs des navires sont protégés par des tôles de fer de huit pouces d'épaisseur au milieu du navire, ce qui représente un pouce de fer de plus que le blindage que possèdent la majorité de nos cuirassés à mât de mer, dont beaucoup sont deux ou trois fois plus grands que le navire. *Cyclope* et ses sister-ships. On verra ainsi que ces tourelles sont pratiquement plus puissantes en équipement défensif que toute autre classe de croiseurs cuirassés.

un blindage de neuf pouces . L'accès aux tourelles elles-mêmes se fait depuis l'intérieur de ce parapet. Au centre de la tourelle se trouvent deux cylindres, l'un s'emboîtant l'un sur l'autre de manière à maintenir l'ensemble stable même par mauvais temps. De petites machines à vapeur placées à l'intérieur du parapet servent à faire tourner les tourelles, qui, cependant, peuvent également être actionnées manuellement si la nécessité l'exige.

Les ports présentent un contraste frappant avec ceux des anciens navires en bois, en raison de leur taille très réduite. Ils admettent simplement que la bouche du fusil, visible à travers, et rien de plus, est de forme ovale et mesure environ trois pieds de diamètre dans le sens de la longueur. Il ne fait guère de doute que ces petits ports constituent un avantage, puisqu'ils doivent offrir une plus grande protection aux artilleurs pendant l'action. Lorsqu'on désire modifier la direction des canons, le changement ne s'effectue pas en les déplaçant dans les ports, mais en faisant tourner la tourelle elle-même. S'il arrivait en cours d'action que le libre mouvement de la tourelle soit entravé pour une raison quelconque, alors le seul moyen de changer la direction des canons serait de faire tourner tout le navire.

Les tourelles sont armées de deux canons de vingt-cinq tonnes , transportant des boulets de quatre cents livres. Le pont étant affleurant, comme nous l'avons dit, les canons peuvent tirer droit devant et derrière, et commander tous les côtés. Il faut moins d'une minute pour faire tourner toute la tourelle. On pense que cette classe de navires est capable de maintenir un tir constant et constant, que ce soit en poursuite ou en retraite.

À l'arrière de l'entonnoir de ces navires, il y a un tube ovale vertical s'élevant à environ dix-sept pieds au-dessus du niveau du pont principal, plaqué de fer. La plaque supérieure est percée de plusieurs petites fentes horizontales, d'où le tube a reçu le nom de "conning-house", car par ces ouvertures le capitaine peut "escroquer" ou constater ce qui se passe au dehors, sans être lui-même exposé aux regards. danger. Cette boîte circulaire permet simplement au capitaine de se retourner ; et c'est ici qu'il doit se tenir au moment de l'action, dirigeant et gouvernant toute la conduite de son navire par des télégraphes mécaniques.

Parmi les nombreuses caractéristiques curieuses et remarquables de ces navires, l'une des plus remarquables est l'utilisation intensive de machines pour tous les usages. Les moteurs font tourner les tourelles, soulèvent les cendres des salles des machines, font tourner les cabestans, actionnent les gouvernails ; les moteurs font tout.

Trois moniteurs semblables à ceux qui viennent d'être décrits furent construits pour la défense de plusieurs de nos colonies. La colonie de Victoria, croyons-nous, a acheté son cuirassé, le *Cerberus* , au gouvernement local ; en tout cas, le peuple l'entretient à ses frais. Avant que le *Cerberus* puisse faire le voyage vers Melbourne, ses flancs devaient être construits avec de fines tôles de fer sur presque toute sa longueur. De la même manière, le *Cyclope* et ses compagnons pourraient être préparés à affronter n'importe quelle mer et n'importe quel temps.

Le lecteur peut se demander : pourquoi ne pas avoir immédiatement des navires à mâts de mer ? A quoi on peut répondre, premièrement, que les navires à mâts doivent inévitablement puiser plus d'eau que ceux dont les *Cyclopes* et *Hécate* sont des types. Les navires à tourelle comme le *Monarch* , ou les navires à bord comme l' *Hercule* et *le Sultan* , tirent environ vingt-cinq pieds d'eau ; les plus petits navires n'en sont que seize, alors qu'en même temps ils sont plus lourdement blindés . Ainsi , ces derniers, s'ils étaient pressés de près par les cuirassés ennemis – la seule classe dont ils ont beaucoup à craindre – pourraient se réfugier en amont d'une rivière hors de leur portée. En outre, en action à proximité de la terre ferme, ces moniteurs pourraient être manipulés plus facilement.

Deuxièmement, en raison de leur taille beaucoup plus petite, les navires de défense côtière sont construits à un coût bien moindre – une considération importante à une époque où un cuirassé de première classe coûtait à peu près autant qu'une petite flotte d'autrefois. Les navires que nous avons décrits pèsent un peu plus de deux mille tonnes, à comparer aux cinq mille tonnes des plus gros navires de mer ; et, en gros, les dépenses de construction sont proportionnelles au tonnage.

La tourelle *Glatton présente plusieurs caractéristiques qui la distinguent de la classe de moniteurs ci-dessus.* Il n'a qu'une seule tourelle, et ses canons lancent des boulets de six cents livres , portant trois milles et demi. Son tirant d'eau est d'environ six pieds de plus que celui du *Cyclope* et *d'Hécate* , et ses plaques de blindage sont de trois pouces plus épaisses. Bien qu'il transporte moins de canons, le *Glatton* est un navire beaucoup plus puissant que les autres moniteurs. (Remarque : la description ci-dessus des moniteurs anglais est adaptée et abrégée d'un article du Chambers's Journal.)

Nous allons maintenant décrire brièvement le *Devastation* , l'un des plus grands et des plus puissants de tous nos cuirassés. La *Dévastation,* dans sa suite, ne s'élève qu'à quatre pieds et demi au-dessus de l'eau ; mais pour affronter le mauvais temps, il est équipé d'un gaillard d'avant blindé à moitié relevé, de sorte qu'à l'avant, il est à neuf pieds hors de l'eau. Le franc-bord au milieu du navire est encore plus élevé, étant à ce point au niveau de la plate-forme sur laquelle sont placées les deux tourelles. Au centre du navire s'élève une construction circulaire en fer, au sommet de laquelle se trouve le pont anti-ouragan. À travers cette structure passe un passage dans lequel se trouvent les entrées des écoutilles et du pont anti-ouragan au-dessus.

Du pont anti-ouragan s'élèvent les deux cheminées du navire ; et voici aussi la boîte de combat du capitaine, déjà évoquée en décrivant les navires de défense côtière , le bouclier coupe-feu pour protéger l'appareil à gouverner et les bateaux. En cas de coup de vent, le pont anti-ouragan est le seul endroit sûr sur des navires de ce genre, le seul endroit où l'on ne risque pas d'être rapidement emporté par-dessus bord. Quant à la partie inférieure du navire, il y est presque impossible de respirer, même lorsque l'air a été pompé par le haut, qui est le seul moyen de ventiler cette partie du navire.

Le *Devastation* transporte deux canons dans chacune de ses tourelles, placés côte à côte, pesant chacun trente-cinq tonnes. Les tourelles, dès que les canons ont été tirés, peuvent être pivotées rapidement, détournant ainsi les parties exposées de l'ennemi.

Des navires tels que le *Devastation* , le *Thunderer* et le *Fury* ne semblent pas, à première vue, particulièrement bien adaptés aux intempéries, pour le dire le plus doucement. Néanmoins, le *Devastation* a été assez bien testé de cette manière, ayant rencontré des conditions météorologiques assez difficiles, et, affirme-t-on, s'est comporté de manière satisfaisante. Le grand danger de tous les navires de cette classe est qu'ils ne s'élèvent pas vers la mer, mais que les vagues, se brisant sur eux, peuvent les presser et les faire sombrer. On sait que le *Thunderer* a son gaillard d'avant, un peu plus bas que celui du *Devastation* , complètement immergé, et cela aussi, alors qu'il n'y avait pas de mer très haute. Ces navires sont conçus non pas uniquement pour le service domestique et la défense côtière , mais pour une action générale au milieu de l'océan.

Essayer de décrire ne serait-ce qu'un seul spécimen de chaque type de navires de guerre modernes fatiguerait certainement le lecteur, car pour quiconque, sauf pour un expert, il y aurait inévitablement un sentiment de répétition dans la lecture d'un tel récit. Mais afin de donner à nos lecteurs quelque chose comme une idée approximative, en tout cas, de l'état actuel de notre marine, nous examinerons brièvement un autre cuirassé de première classe, l'Inflexible, qui peut être considéré comme un exemple majeur de *cuirassé* . navires et, au moment de la rédaction de cet article, comme l'une des plus hautes réalisations de l'architecture navale moderne.

L' *Inflexible* a une charge énorme de 11 400 tonnes, sa puissance est de 8 000 chevaux. La longueur est de 320 pieds, son blindage de 16 à 24 pouces d'épaisseur, avec une doublure intérieure en bois de 17 à 25 pouces d'épaisseur. Il est divisé en 135 compartiments et ses moteurs sont placés à une telle distance les uns des autres que si l'un était désactivé pour une raison quelconque, l'autre serait toujours en état de marche.

La principale caractéristique de l' *Inflexible* est la position des tourelles. La majorité des navires de cette description ont leurs tourelles dans la ligne médiane, de sorte qu'il résulte que seule la moitié de leurs canons peuvent être dirigées sur un ennemi, qu'il soit en avant ou en arrière. L' *Inflexible* a ses tourelles de chaque côté : la tourelle avant à bâbord, la tourelle arrière à tribord. Elle peut ainsi utiliser l'ensemble de ses canons contre un ennemi *en même temps* , qu'il soit devant ou derrière.

On verra que l'épaisseur du blindage avec lequel l' *Inflexible* est protégé est énorme ; et pourtant cette épaisseur de fer a été percée. La question qui se pose alors immédiatement est la suivante : un navire *peut-* il être construit pour transporter un blindage beaucoup plus lourd que celui-ci ? Un récent auteur du *Times* affirme que non. « En ce qui concerne les exigences de la marine, dit-il, la limite de poids semble avoir déjà été atteinte, pour la simple raison que la flottabilité de nos cuirassés ne peut en toute sécurité être diminuée davantage par le poids d'un blindage plus lourd . et les armements.

La description très graphique suivante de l'intérieur d'un navire-tourelle a été rédigée par un témoin oculaire de la scène décrite. Il s'agit d'un extrait d'un récit fourni à l'auteur de « La mer : son histoire émouvante d'aventures et de périls », dont nous le tirons. Le navire décrit était le *Miantonoma* , une tourelle américaine à toute épreuve.

« Vous remontez par une trappe et vous vous trouvez dans une pièce circulaire, d'environ douze pieds de diamètre, rembourrée de haut en bas comme l'intérieur d'une voiture. À vos côtés se trouve une énorme masse de fer. Vous êtes à l'intérieur de la tourelle. Une lampe scintillante projette sa faible lumière sur les formes en mouvement autour de vous, et d'en bas vient le faible chuchotement des hommes, jusqu'à ce que le piège se ferme et que vous soyez à nouveau dans un silence complet.

"' *Préparer* !' Le second tireur se met sur la pointe des pieds et vous dit de vous pencher en avant et de sortir votre langue de votre bouche. Vous entendez le grincement des machines. C'est un moment de suspense intense. Peu à peu, une lueur, un pouce, un flot ! Le bouclier passe par l'ouverture ; l'arme est épuisée. Un éclair, un rugissement – un ébranlement fou des sens et des nuages cramoisis flottant devant vos yeux – une horrible douleur dans vos oreilles, un sentiment d'oppression dans votre poitrine et le fait de savoir que vous n'êtes pas debout – un murmure de des voix se mélangent au concert dans vos oreilles — une obscurité devant vos yeux — et vous vous sentez rebondi contre le rembourrage, où vous avez été projeté par la violence de la commotion.

« Avant que vous ayez suffisamment récupéré pour constater les effets que j'ai essayé de décrire, le bouclier est de nouveau en place et le canon prêt à être rechargé. On vous dit que la plus grande partie du bruit s'est échappée par le hublot, sinon il n'y aurait pas de support, et notre compagnon mitrailleur vous murmure à l'oreille : « Tout va très bien, mais ils sortent du sang du poitrine et oreilles après la quatrième décharge, et doit être pris plus bas. Vous aussi, vous en avez assez et vous êtes heureux qu'on ne vous demande pas d'assister à un autre coup de feu.

Il faut dire que depuis la construction du *Miantonoma* , un nouveau principe amélioré de tir de tourelle a été introduit. L'électricité est désormais utilisée pour décharger les canons, et il n'est donc plus nécessaire que quiconque se trouve dans la tourelle, ce qui est bien sûr un grand avantage.

A la fin de la guerre civile, l'Amérique possédait une belle flotte de observateurs, dont il n'en reste presque plus aujourd'hui. Pour l'époque, ils semblaient pratiquement imprenables aux tirs et aux bombardements ; mais ils furent construits par contrat, en bois non séché, et, au bout de dix ou douze ans, cédèrent à la décadence naturelle. Mais le *Brooklyn* et l' *Ohio* , tous deux de beaux exemples d'architecture navale, survivent encore pour maintenir, dans la mesure où deux navires le peuvent, le prestige maritime de l'Amérique.

Un chapitre traitant des cuirassés serait, à notre avis, incomplet sans une allusion à la perte du *capitaine* , dont le terrible sort en 1870 a suscité un triste intérêt pour ce navire.

Le *capitaine* mesurait 320 pieds de long et 53 pieds de large. Son blindage atteignait cinq pieds sous la ligne de flottaison. En face des tourelles, son blindage avait huit pouces d'épaisseur et sept pouces dans les autres parties. Le navire était équipé de deux vis placées côte à côte. Les vis étaient disponibles pour la direction et le navire pouvait donc être gouverné sans gouvernail. Le *capitaine* était entièrement gréé et pouvait transporter une grande quantité de toile.

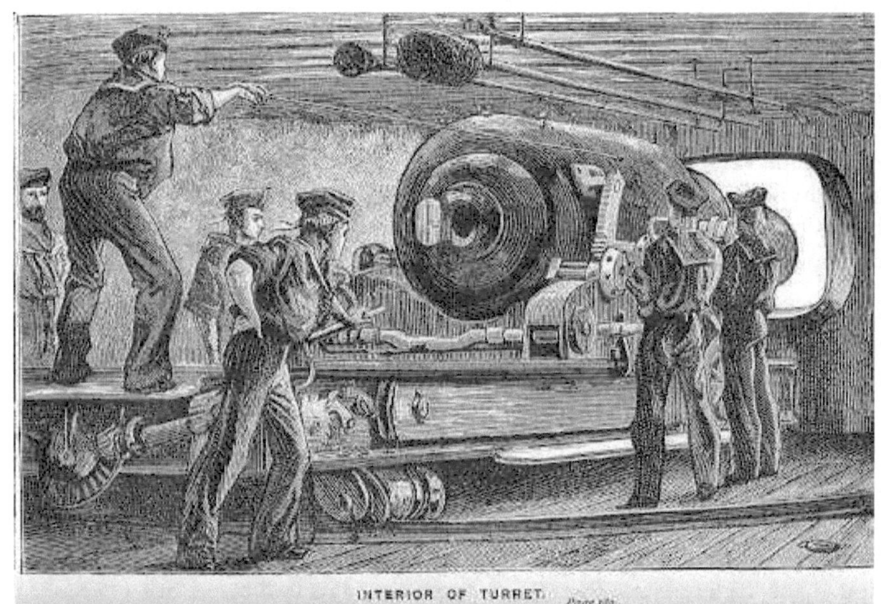

La particularité du navire était ses tourelles tournantes. Chaque tourelle mesurait 27 pieds de diamètre à l'extérieur et 22 pieds 6 pouces à l'intérieur. Les murs des tourelles avaient donc 2 pieds 3 pouces d'épaisseur ; et la moitié de cette épaisseur était composée de fer. Les tourelles étaient entraînées par des moteurs séparés, mais elles pouvaient également être tournées, si l'occasion l'exigeait, à la main . Deux canons Armstrong de vingt-cinq tonnes , lançant des balles de six cents livres, étaient placés dans chaque tourelle. Le navire a été construit d'après les plans du capitaine Coles, également l'architecte du *Monarch* .

Lors de son premier voyage en mer, le *capitaine* a apparemment montré de si excellentes qualités de navigation que son architecte et les entrepreneurs, MM. Laird , étaient tout à fait satisfaits quant à sa sécurité au milieu de l'océan. À l' automne 1870, elle accompagna la flotte lors d'une croisière ; et le 6 septembre, peu après minuit, il sombra au large du cap Finisterre. Tout l'équipage fut perdu, à l'exception de dix-neuf hommes, et parmi ceux qui périrent se trouvaient le capitaine Coles lui-même, le capitaine Burgoyne, le commandant du navire, et un fils du premier lord de l'Amirauté d'alors, M. Childers . Il est inutile de rappeler à la mémoire de mes lecteurs adultes le profond sentiment de pitié et de tristesse répandu par ce terrible désastre dans toute la Grande-Bretagne.

La nuit où le *capitaine* a sombré fut sans doute un peu agitée, avec des grains et une mer forte ; mais ce n'était pas seulement la force de la tempête qui accablait le navire.

M. James May, un artilleur survivant du navire malheureux, a donné un récit suffisamment clair du naufrage du navire. Peu après minuit, il fut réveillé par un bruit et par le sentiment que le navire était inquiet. Se levant et prenant avec lui une lampe, il se dirigea vers la tourelle arrière pour voir si les canons allaient bien. Tout y était suffisamment sécurisé ; mais il avait à peine terminé son examen qu'il sentit le navire s'incliner régulièrement, une forte mer le frappa sur le port météo, l'eau s'engouffra dans la tourelle, et May se retrouva bientôt dans l'eau.

Il nagea jusqu'à la pinasse, qu'il aperçut flottant vers le haut, et là il fut bientôt rejoint par le capitaine Burgoyne et plusieurs autres membres de l'équipage. Puis il vit le navire se retourner et couler, la poupe en premier ; toute la catastrophe étant terminée en quelques minutes. La chaloupe dérivait à quelques mètres et May cria à ses camarades : « Sautez, les hommes ! c'est notre dernière chance. May et trois autres personnes réussirent à atteindre le bateau, dans lequel quinze membres du reste de l'équipage trouvèrent également refuge. On ne sait pas si le pauvre capitaine Burgoyne est resté dans la pinasse ou s'il n'a pas réussi à atteindre la vedette.

Les dix-neuf survivants, après une dure bataille de douze heures, sans nourriture ni boisson, débarquèrent au cap Finisterre, où ils furent chaleureusement accueillis et soignés par la population. Une cour martiale a été convoquée en temps utile pour enquêter sur les causes de la catastrophe. Il est impossible d'entrer ici dans les détails des preuves, mais il a été suffisamment prouvé qu'il y avait de graves fautes dans la conduite *du capitaine.* construction, — défauts qui, comme c'est malheureusement trop souvent le cas, n'ont pas été découverts par les calculs effectués avant le départ du navire pour ce qui peut être considéré comme sa première, comme sa dernière, croisière. On avait cependant remarqué que le navire était environ un pied et demi plus profond dans l'eau qu'il n'aurait dû l'être, que son franc-bord, en un mot, au lieu d'être de huit pieds au-dessus de l'eau, comme c'était le cas, conçu, mesurait seulement six pieds six pouces; et il suffit d'une très légère connaissance des questions maritimes pour comprendre comment cette différence nuirait matériellement à la stabilité d'un navire tel que le *capitaine* .

Si le lecteur a eu l'occasion, comme cela a été la nôtre, de visiter l'un de nos grands arsenaux navals, en particulier celui de Portsmouth ou de Plymouth, il n'a pas pu manquer d'être frappé par l'apparence vaillante et splendide que présentent nombre de nos navires de guerre ; mais il devait également avoir été affecté par des sentiments opposés à l'admiration de la part de plus d'un type de cuirassés modernes. Personne qui admire un véritable navire, qu'il soit en bois ou en fer, une majestueuse frégate toutes voiles dehors devant un vent favorable , ne peut en même temps admirer un moniteur. En vérité, beaucoup de gens refuseront de considérer un navire à tourelle comme un navire. Cela bouleverse toutes nos idées sur ce à quoi devrait ressembler un navire. Machine basse, noire , sans mât , semblable à un radeau, d'apparence cruelle, sans la moindre prétention à la forme ou à la beauté, un navire-tourelle n'est qu'un moteur de combat, une batterie flottante, un instrument ingénieux et redoutable de mort et de destruction. sans doute, mais rien de plus. Pourtant, ce sont parmi les principaux navires de guerre du présent et, autant que nous puissions le voir actuellement, de l' avenir immédiat ; et c'est sur eux que nous devons compter pour la protection de nos côtes si jamais elles étaient menacées.

Et pourtant, aussi élevé que soit le coût annuel de notre marine, et aussi grande que soit la quantité d'ingéniosité dépensée dans la construction de nouveaux et nouveaux navires de guerre, chacun conçu pour être plus imprenable et plus redoutable que son prédécesseur, notre marine est à ce moment dans un état quelque peu instable et transitoire. Des changements dans la construction des cuirassés ont lieu chaque année, et des divergences d'opinion considérables existent parmi nos plus hautes autorités navales sur des points importants de l'architecture marine. Les navires de guerre doivent maintenant lutter contre des ennemis si redoutables sous la forme de canons, de torpilles et d'autres engins d'une puissance terriblement destructrice, qu'il est difficile de dire à l'heure actuelle lequel finira par triompher. L'un des vieux navires en bois placés à côté d'un cuirassé moderne ressemble à une batterie de jouets d'enfant comparée à Gibraltar ; et pourtant on peut difficilement dire que la nation ait le même sentiment de confiance et de sécurité dans nos navires actuels qu'elle reposait dans les navires que Nelson conduisit si souvent à la victoire ; car il faudra attendre longtemps avant que le sort du *capitaine* et de l' *avant-garde* ne soit entièrement oublié.

Cependant, nous pouvons, pensons-nous, au moins être assurés que, si douteux que nous puissions être à l'égard de certaines des nouveautés et des améliorations présumées qui sont introduites de temps à autre dans l'architecture navale, l'Angleterre est bien au courant de ce qui se passe. l'âge en matière maritime; si ses navires ne sont pas absolument parfaits et à l'épreuve de toute forme de danger, ils sont au moins égaux à ceux de toute autre nation. Nous avons besoin d'une marine forte, très forte ; et en fait, nos ressources navales sont presque égales à la force navale combinée de l'Europe.

Il faudra qu'une situation de choses quelque peu différente de celle qui existe actuellement parmi les nations du monde se produise avant que l'Angleterre puisse se permettre de diminuer ses armements navals ; et jusqu'à ce que les grandes puissances du monde acceptent de régler leurs différends par d'autres moyens que par le « pari de la bataille » et soient résolues à « ne plus faire la guerre », le meilleur et le seul moyen pour elle est probablement de se maintenir aussi fermement et aussi fermement que possible. parfaitement armé possible. C'est ce qui a probablement contribué, en tout cas, à assurer une paix aussi longue et ininterrompue pour nos côtes ; et tenter une démarche différente et opposée serait pour le moins un risque. C'est de sa marine, comme tout le monde le sait, que l'Angleterre dépend pour sa défense et sa sécurité. Être faible dans notre marine équivaudrait à être faible dans l'ensemble de notre blindage . Notre marine est actuellement, nous l' espérons volontiers , une arme de paix entre nos mains – un bouclier, non une épée ; et tant qu'elle est telle, plus elle est forte et parfaite, mieux c'est pour nous, et peut-être pour le monde dans son ensemble. Cela peut paraître au lecteur comme une manière quelque peu vaniteuse et glorieuse de présenter les choses comme un aigle déployé ; mais s'il examine la question avec équité et impartialité, nous pensons qu'il admettra qu'il y a une part de vérité dans notre déclaration.

Avant de terminer ce chapitre, il faut dire un mot ou deux pour décrire l'ennemi des navires de guerre, la torpille, bien que l'espace exige que notre référence soit brève. Presque tous les navires de guerre modernes sont construits avec des faux-fonds, spécialement conçus pour les protéger contre les torpilles. Il existe de nombreuses formes différentes de torpilles, utilisées de diverses manières. Une torpille peut être décrite comme un appareil explosif sous-marin. Il peut contenir de trente à cinq cents livres de poudre à canon ; et l'explosion s'effectue soit au moyen de l'électricité, soit au moyen d'un ressort et d'une substance détonante lorsque le moteur entre en contact avec un navire. Certains types de torpilles reposent au fond de la mer, tandis que d'autres sont ancrées et flottent en suspension dans l'eau. Si un navire heurte l'un de ces terribles moteurs, soit il est immédiatement réduit en éclats, soit son fond est déchiré, ce qui le fait couler rapidement.

Un type de torpilles ressemble un peu à un poisson et est propulsé rapidement dans l'eau par une vis et d'autres machines. Les torpilles sont construites de manière à pouvoir s'élever et heurter un navire au bon moment. Lorsqu'elles ne sont pas remplies de poudre à canon ou de coton à canon, la dynamite et d'autres substances explosives sont utilisées à la place pour charger ces moteurs de guerre sous-marins.

Diverses méthodes ont été conçues pour protéger les navires des torpilles. Des filets sont parfois étendus devant le navire, qui attrapent les torpilles avant qu'elles ne puissent entrer en contact avec le fond du navire. Cette garantie fut adoptée, dans de nombreux cas avec succès, par les navires de guerre fédéraux lorsqu'ils entraient dans les ports confédérés . Mais on peut faire beaucoup pour protéger un navire contre ces terribles engins de destruction, simplement par précaution, comme cela a été prouvé lors de la guerre de Crimée, lorsque les torpilles russes n'ont causé que peu ou pas de dégâts à nos navires, en raison de la vigilance constante exercée sur nos navires. conseil.

Au cours de la dernière guerre entre la Russie et la Turquie, l'un des exploits les plus audacieux de la campagne fut une attaque par une escadre russe de torpilleurs contre le moniteur turc *Hifse Rahman* . La flottille comprenait quatre navires, le *Czarevitch* , le *Xenia* , le *Czarevna* et le *Djirid* . Les deux premiers nommés commencèrent l'attaque, la *Czarevna* et le *Djirid* se tenant en réserve jusqu'à ce que leur secours fût demandé.

Les vedettes étaient équipées de solides auvents en fer qui protégeaient leurs équipages des tirs ennemis. Chaque bateau était armé de deux torpilles, fixées au bout de longs espars projetés au-dessus des pavois et travaillant sur pivots. Les torpilles pouvaient être détachées des espars lorsque l'occasion l'exigeait ; tandis que de longues chaînes étaient attachées aux missiles, par lesquelles ils étaient attachés au navire ennemi, ainsi qu'au fil d'une batterie galvanique attachée autour de la taille du commandant de la chaloupe. Cette batterie était le moyen par lequel la torpille explosait.

La flottille quitta la rive roumaine du Danube le 25 juin 1877 vers minuit, et en moins d'une heure environ, le *Hifse Rahman* apparut en vue, masse ombreuse sur les eaux sombres. L'approche des torpilleurs se faisait presque sans bruit, et le coassement des grenouilles aurait encore favorisé les Russes en étouffant le bruit des moteurs, de sorte que ceux à bord du moniteur n'étaient pas conscients de la proximité de leur ennemi jusqu'aux lancements. étaient presque à côté.

La sentinelle l'interpella aussitôt, lorsque le lieutenant Doubarsoff , commandant du *Tsarévitch* , répondit : « Amis ». Mais son discours l'a trahi ; l'alarme se répandit ; et le *Hifse Rahman* ouvrit un feu vif sur les chaloupes. Mais le lieutenant Doubarsoff réussit à attacher sa chaîne de torpille à une corde suspendue à la proue du moniteur, puis fit reculer rapidement son petit vaisseau et tira la torpille. Une formidable explosion ; une colonne d'eau s'est élevée dans les airs et la vedette a été presque submergée ! Une brèche avait cependant été pratiquée dans les pavois du *Hifse Rahman* .

Les autres observateurs étaient désormais parfaitement conscients de leur danger, et les vedettes russes durent subir une canonnade meurtrière, sur laquelle le lieutenant Doubarsoff ordonna au lieutenant Schestakoff de faire remonter sa vedette, la *Xenia* , et de lancer une seconde torpille, que ce dernier put lancer. faire, en attachant le missile au milieu du navire turc. Le sort du *Hifse Rahman* était désormais scellé et, en quelques minutes, il coula.

Les lancements russes réussirent à se dégager à nouveau de leur ennemi sans perdre un seul homme, et mirent ainsi fin à la première expédition de torpilles jamais entreprise contre les cuirassés ennemis, mais qui pourrait, comme le dit un auteur décrivant l'événement, « finir par révolutionner complètement notre environnement actuel » . système de murs de fer monstrueux. La

Grand-Croix de Saint-Georges fut décernée aux lieutenants Doubarsoff et Schestakoff pour cet exploit intrépide et réussi.

L'espace ne nous laisse pas faire autre chose que de revenir un instant à ce qui est peut-être l'arme de guerre navale offensive la plus meurtrière jamais conçue : les béliers. Certains experts soutiennent que rien ne peut égaler la puissance du bélier d'un cuirassé moderne savamment manié ; et une autorité navale bien connue a déclaré que l'emploi des canons dans une action navale ne devrait être que préliminaire à celui du bélier, en d'autres termes, que tous les efforts devraient être concentrés sur l'occasion d'utiliser le bélier.

Nous terminons ce chapitre en rappelant l'attention du lecteur sur une caractéristique des navires de guerre modernes à laquelle nous avons déjà fait allusion et que souligne d'ailleurs tout le cours de nos remarques sur ce sujet : l'utilisation presque universelle des machines dans les tactiques navales modernes. Dans la guerre maritime moderne, on peut assurément dire, selon les termes du Lauréat — utilisés par lui, bien sûr, dans un sens très différent — que « l'individu diminue », de sorte que la prédiction, dont certains de nos lecteurs se souviennent peut-être, était Une fois faite par un Premier Lord de l'Amirauté, il ne semble pas improbable qu'elle devienne un jour un fait sérieux : le temps viendra où nous n'aurons plus besoin de matelots, car tout ce dont nos navires de guerre auront besoin seront de chauffeurs et d'artilleurs. Nous ne prenons pas soin de dire ici si c'est là une consommation désirable.

Chapitre treize.

Origines des navires à vapeur – Ocean-Steamers, etc.

Comme nous avons été amenés, dans nos écrits sur les navires de la marine, à parler de la vapeur, nous nous détournerons ici pour parler de cette formidable force motrice.

Une nuit, en 1807, un spectacle terrible fut observé par les habitants des rives du fleuve Hudson en Amérique.

Les hommes aiment ce qui est merveilleux , et ils font de longs détours pour voir ce qui est terrible et horrible ; mais cette nuit-là, il n'était pas nécessaire d'aller bien loin. Les fermiers n'avaient qu'à regarder par leurs fenêtres, et les marins du navire n'avaient qu'à lever la tête au-dessus des pavois, pour voir un spectacle qui consternait les cœurs les plus vaillants et faisait dresser jusqu'aux cheveux sur le crâne des timides. à la fin.

L'objet qui a créé tant de consternation était un « monstre des profondeurs ! » Dans certaines parties de la rivière, les hommes ne pouvaient pas dire à quoi cela ressemblait, car la nuit était sombre lorsqu'elle passait, mais ils obtenaient une idée sombre et obscure à la lumière du feu que la créature vomissait de ses mâchoires ; et ils se faisaient une idée formidable de sa taille et de sa puissance, d'après la vitesse à laquelle il se déplaçait, les éclaboussures qu'il produisait et les gémissements hideux dont il chargeait l'air nocturne.

Ce « monstre fougueux des profondeurs » fut le *premier* bateau à vapeur fluvial, le *Clermont* !

Avant d'entrer dans les détails de ce premier d'une classe de navires qui, au cours des cinquante dernières années, ont presque complètement changé tout le système de navigation, jetons un coup d'œil rapide sur les premières tentatives faites pour propulser les navires au moyen de vapeur.

Le sujet occupe l'humanité depuis bien plus longtemps que beaucoup ne le pensent. Dès 1543, un capitaine de marine espagnol appliqua un moteur à un navire d'environ deux cents tonneaux et réussit à le déplacer à la vitesse d'environ deux milles à l'heure. Le capitaine gardait secrète la nature de son moteur ; mais on a remarqué qu'une partie consistait en un chaudron d'eau bouillante.

C'est ce que nous raconte Thomas Gonzales, le directeur des Archives royales de Simancas ; mais sa véracité est maintenant mise en doute ; en tout cas, on n'a plus entendu parler de cette découverte par la suite.

Le premier témoignage authentique dont nous disposons sur la navigation à vapeur se trouve dans un ouvrage écrit par le marquis de Worcester en 1665, dans lequel il est fait allusion à l'application de moteurs aux bateaux et aux navires, qui « remonteraient les rivières à contre-courant et , s'il le faut, passez le London Bridge à contre-courant, à marée basse.

De nombreuses tentatives, plus ou moins réussies, furent faites de temps à autre par des hommes ingénieux. Papin de France construisit en 1690 un bateau à vapeur dont le succès peut être attesté par le fait qu'il fut finalement démoli par des bateliers enragés et jaloux ! Jonathan Hulls en 1736 et M. Genevois en 1759 réussirent chacun, dans une certaine mesure, à construire des modèles fonctionnels, mais rien de précis ne résulta de leurs travaux . Pourtant, nous ne serions pas amenés à sous-estimer les réalisations de tels hommes. Au contraire, c'est grâce aux découvertes successives de ces hommes curieux et philosophes qu'on parvient enfin à de grands résultats. Les magnifiques structures qui peuplent l'océan ne sont pas la création d'une époque, ni le produit d'un esprit formidable. Ils sont le résultat du travail de milliers d'hommes dont les noms n'ont jamais été connus.

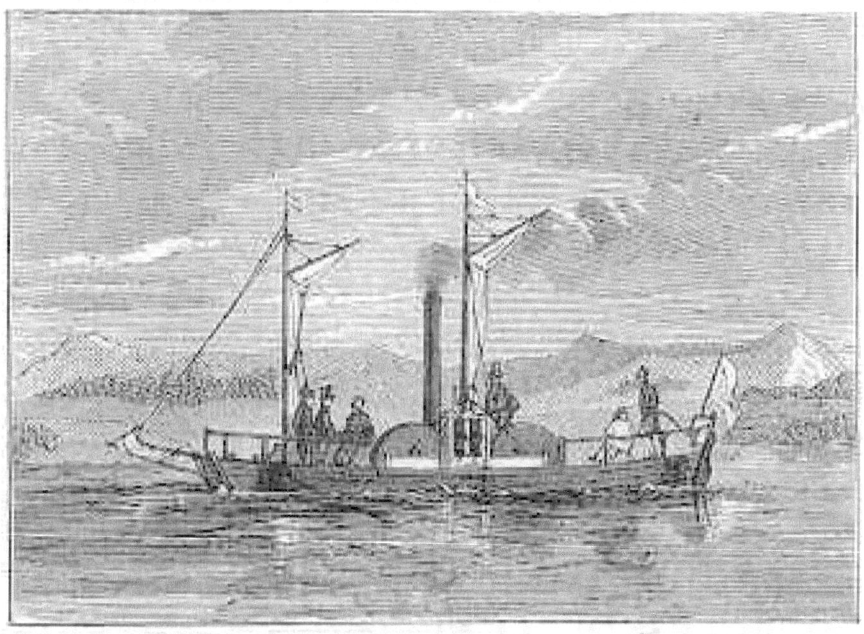

Les hommes qui, travaillant sur les matériaux fournis par les générations précédentes, ont amené la propulsion des bateaux à vapeur le plus près de la perfection, *juste avant* le début de la navigation, furent M. Miller de Dumfries, M. Taylor, son ami et précepteur dans sa famille, et M. Symington. Tous ces éléments ont joué un rôle très important dans l'avènement de ce grand événement. Symington, en 1788, installa un moteur sur un grand bateau dans lequel il atteignit la vitesse de sept milles à l'heure.

L'homme à qui revient le mérite d'avoir introduit *la navigation à vapeur* est sans aucun doute M. Fulton d'Amérique. Ce monsieur, contemporain de ceux que nous venons de mentionner, visita la France et l'Angleterre, dans les premiers pays desquels il s'efforça , sans succès, de réaliser ses projets, tandis que dans le second il rencontra Symington et obtint de lui de nombreuses informations précieuses.

Nous n'avons aucune sympathie pour ceux qui semblent mettre au crédit de leur propre pays toutes les découvertes et inventions qu'ils peuvent ou plausiblement faire. Nous avons fait beaucoup *pour* le début de la navigation à vapeur, mais nous ne l'avons pas commencé. Nous avons considérablement devancé les autres nations dans l'invention d'appareils permettant de propulser les bateaux à vapeur ; nous avons construit des modèles, essayé à petite échelle, et trouvé que la chose répondait admirablement : mais nous nous sommes arrêtés là. Pendant ce temps, un Américain entreprenant est venu voir nos réalisations, a commandé un moteur en Angleterre, l'a transporté à travers l'Atlantique et *a commencé* l'ère de la navigation à vapeur, sur le fleuve Hudson, en construisant et en lançant :

Le premier bateau à vapeur.

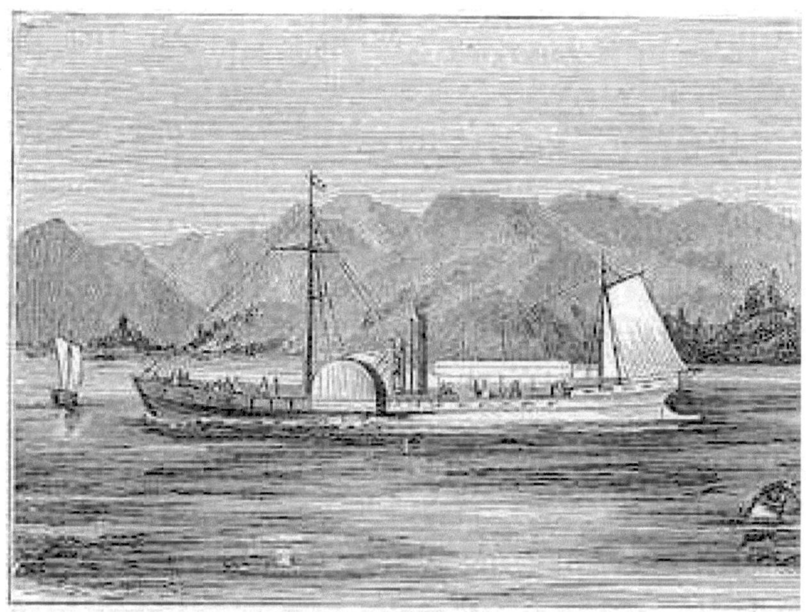

Robert Fulton, en collaboration avec le chancelier Livingston d'Amérique, planifia, construisit et lança un bateau au printemps 1807, qu'ils nommèrent le *Clermont*. Il était propulsé par la vapeur et atteignait en moyenne une vitesse de cinq milles à l' heure lors de son premier voyage de New York à Albany, soit une distance de près de cent cinquante milles.

Toutes les découvertes et nouveautés, grandes et petites, sont d'abord traitées avec ridicule par la masse de l'humanité. Il n'est donc pas étonnant que les foules qui se sont rassemblées en masse sur le quai pour voir le Clermont entreprendre son premier voyage aient été quelque peu *satiriques* et plaisants dans leurs propos. Mais quand la vapeur fut allumée, et qu'ils entendirent le premier de cette série de reniflements qui devaient bientôt ébranler l'air tremblant de la terre et de la mer, et virent les grandes et grossières roues à aubes tourner puissamment dans l'eau et la baratter. Dans l'écume, un cri, teinté sans doute de ferveur prophétique , salua l'ingénieur triomphant alors que son petit bateau à vapeur s'élançait du rivage.

Colden, dans sa Vie de Fulton, parle ainsi du premier voyage *du Clermont* :

« Elle provoqua l'étonnement des habitants des rives de l'Hudson, dont beaucoup n'avaient même pas entendu parler d'une machine à moteur, encore moins d'un bateau à vapeur. Il y a eu de nombreuses descriptions des effets de sa première apparition sur les habitants des rives du fleuve.

«Certains d'entre eux étaient ridicules, mais certains d'entre eux avaient un caractère que seul un objet d'une réelle grandeur aurait pu exciter. Elle a été décrite par certains, qui l'avaient indistinctement vue passer dans la nuit, comme un monstre se déplaçant sur les eaux, défiant les vents et les marées et respirant flammes et fumées ! Elle avait l'apparence la plus effrayante parmi les autres navires qui naviguaient sur le fleuve lorsqu'elle effectuait son passage. Le premier bateau à vapeur (comme d'autres le font encore) utilisait du bois de pin sec comme combustible, ce qui envoyait une colonne de vapeur enflammée à plusieurs pieds au-dessus du conduit de fumée, et, chaque fois que le feu était attisé, une galaxie d'étincelles s'envolait , qui, dans la nuit. , ont une apparence très brillante et belle.

« Cette lumière peu commune a d'abord attiré l'attention des équipages des autres navires. Malgré le vent et la marée qui s'opposaient à son approche, ils virent avec étonnement qu'il se dirigeait rapidement vers eux ; et quand il s'approcha si près que le bruit des machines et des pagaies se fit entendre, les équipages - si ce que disaient les journaux de l'époque étaient vrais - dans certains cas reculèrent sous leurs ponts devant ce spectacle effrayant et laissèrent leurs navires à la mer. allez à terre; tandis que d'autres se prosternaient et suppliaient la Providence de les protéger des approches de l'horrible monstre qui marchait au gré de la marée et éclairait sa route par les feux qu'il vomissait ! Le *Clermont* devient un bateau à passagers régulier sur l'Hudson ; et les progrès de la navigation à vapeur continuèrent à progresser, jusqu'à ce que presque tous les fleuves navigables du monde, et le grand océan lui-même, fussent couverts de ces navires de commerce cliquetants, qui ont ajouté davantage au confort, à la richesse et à la puissance de l'océan. l'homme – le pouvoir de faire le bien aussi bien que le mal – que le faible esprit humain ne peut concevoir.

La Comète.

Ce n'est que cinq ans après que les Américains nous eurent donné l'exemple que nous lançâmes notre premier bateau à vapeur à passagers, le *Comet* , un navire d'environ vingt-cinq tonnes, doté de moteurs de trois chevaux-vapeur. Ce petit vaisseau fut lancé par Henry Bell, d'Helensburgh, sur la Clyde. Il débuta sa carrière en 1812 et sillonna régulièrement pendant deux ans.

Comme son prédécesseur le *Clermont* , elle était considérée avec un certain scepticisme et avec une grande surprise par les milliers de personnes qui la voyaient partir. Néanmoins, il prouva bientôt sa valeur, devint une spéculation réussie pour ses propriétaires et fut bientôt suivi par de nombreux autres navires du même genre.

L'"Argyle", plus tard nommé "La Tamise".

En 1813, l'*Argyle* fut lancé. Ce navire fut le premier bateau à vapeur européen à se lancer dans la navigation la plus dangereuse des côtes maritimes. Elle a été achetée par une entreprise à Londres. Lors de son passage, il a fait naufrage autant que possible sur une rive sous le vent, mais, grâce à sa puissance à vapeur, il a pu aller droit contre le vent, à une vitesse de trois nœuds et demi à l'heure, et s'est ainsi échappé. .

Un des passagers nous a laissé un récit intéressant de cet intéressant voyage, dont nous retirons un ou deux paragraphes :

« Le temps était maintenant devenu si orageux et si mauvais que notre capitaine résolut de faire escale au port de Wexford, son principal objectif étant de conduire le navire en toute sécurité jusqu'à Londres, plutôt que, en utilisant une grande dépêche, de l'exposer à des risques inutiles . Nous reprenons la mer à deux heures de l'après-midi, le 30 mai, et mettons le cap sur Saint David's Head, la pointe la plus occidentale du Pays de Galles. Lors de notre traversée du canal Saint-Georges, une des pales de la roue à aubes tribord est tombée en panne ; le moteur a été arrêté et la lame a été coupée. Quelques heures après, un accident semblable arriva à l'autre roue, à laquelle on remédia de la même manière.

« Vers deux heures de l'après-midi, douze heures après avoir quitté Wexford, nous atteignîmes le col de Ramsay. Nous restâmes là trois heures, pour huiler la machine et donner un peu de repos au chauffeur, qui n'avait pas quitté son poste depuis son départ de Wexford. En peu de temps , plusieurs bateaux furent vus venir à notre secours, l'idée prévalant ici, comme à Wexford, que notre navire était en feu. Nous débarquâmes sur l'île de Ramsay, un endroit très désolé, ne contenant qu'une seule habitation ; nous nous procurâmes cependant du pain, du beurre, du lait, du fromage et de la bière, avec lesquels nous retournâmes au navire et commençâmes à traverser le détroit et la baie de Sainte-Bride.

« Le temps était désormais devenu défavorable et la mer était montée d'une manière alarmante dans la baie. Sur le côté sud de la baie de Sainte Bride, entre l'île de Skomar et le continent, se trouve un passage désagréable appelé Jack Sound. Notre pilote nous avertit du danger de tenter ce passage, sauf par pleine mer et par vent favorable , car il y avait plusieurs tourbillons redoutables qui saisiraient le navire et l'entraîneraient sur les rochers. Mais le capitaine Dodd, qui connaissait la puissance de son moteur, a insisté pour passer par le détroit, afin de gagner cinq heures et une nuit supplémentaire en mer. Le pilote répéta ses remontrances, en tremblant de peur ; mais nous avons traversé tous les tourbillons avec la plus grande facilité. Rien cependant ne peut être conçu de plus effrayant que l'aspect de quelques rochers, et surtout de ceux qu'on appelle l'évêque et ses clercs. Si nous avions été sur un voilier, notre position eût été des plus périlleuses ; mais notre vapeur était toute-puissante et nous conduisit sains et saufs à Milford Haven.

« Nous reprenâmes la mer tard dans la soirée du 31, et vendredi matin nous étions au milieu du canal de Bristol, sans terre visible ; mais vers le soir nous découvrîmes la haute côte qui termine l'Angleterre à l'ouest. Cependant, comme le temps devenait de nouveau maussade, notre nouveau pilote jugea qu'il serait imprudent cette nuit-là de doubler Land's End, et nous nous dirigeâmes vers Saint Ives.

« En approchant du rivage, nous aperçumes une foule de petits vaisseaux se dirigeant vers nous avec toute la rapidité possible, au moyen d'avirons et de voiles. Ici comme ailleurs, l'alarme fut donnée, à la vue d'un navire jugé en feu, se dirigeant vers la ville, et toutes les embarcations disponibles furent immédiatement mises à la mer. Tous les rochers dominant Saint-Ives étaient couverts de spectateurs ; et lorsque nous entrâmes dans le port , l'aspect de notre navire parut causer autant de surprise parmi les habitants que les navires du capitaine Cook durent en produire lors de sa première apparition parmi les insulaires des mers du Sud.

« Une autre nuit passa, une nuit de tempête et de danger, mais la petite *Thames* (le navire avait été renommé par la nouvelle compagnie qui l'avait acheté) se comporta noblement et atteignit le lendemain Plymouth. Ici, continue le récit, le capitaine du port , qui n'avait jamais vu de bateau à vapeur auparavant, fut autant étonné lorsqu'il monta à bord de la *Tamise* qu'un enfant l'est lorsqu'il prend possession d'un nouveau jouet. Il dirigeait le navire, et nous avons contourné plusieurs navires de guerre dans le détroit. Les matelots couraient en foule sur les flancs de leurs navires lorsque nous les dépassions et, montant sur les agrès, ils exprimaient leurs observations d'une manière très amusante.

« Nous avons quitté Plymouth le lendemain à midi et avons navigué sans interruption jusqu'à Portsmouth, où nous sommes arrivés le vendredi 9 juin, après avoir parcouru cent cinquante milles en vingt-trois heures. A Portsmouth, l'étonnement et l'admiration étaient, si possible, plus fortement manifestés qu'ailleurs. Des dizaines de milliers de spectateurs étaient rassemblés pour contempler la *Tamise* ; et le nombre des vaisseaux qui se pressaient autour de nous était si grand, qu'il fallut demander à l'amiral de nous donner une garde pour maintenir un certain ordre.

« Nous sommes entrés dans le port de la manière la plus brillante, avançant, avec l'aide du vent et de la marée, à une vitesse de douze à quatorze milles à l'heure. Une cour martiale siégeait alors à bord de la frégate *Gladiator* ; mais la nouveauté de notre bateau à vapeur présentait un attrait irrésistible, et toute la cour se dirigea vers nous, sauf le président, qui était obligé par l'étiquette de conserver son siège jusqu'à ce que la cour soit régulièrement ajournée. Le samedi 10 juin, l'amiral du port envoya à bord de bonne heure sa musique et une garde de marines ; et peu après il le suivit, accompagné de trois amiraux, de dix-huit capitaines de poste et d'un grand nombre de dames. La matinée fut consacrée à naviguer parmi la flotte et à courir vers l'île de Wight. De Portsmouth nous nous rendîmes à Margate, que nous atteignîmes dimanche matin. Nous y restâmes jusqu'au lendemain, lorsque nous nous embarquâmes pour notre dernier voyage, à huit heures et demie du matin ; et vers six heures du soir nous sommes arrivés à Limehouse, où nous avons amarré.

Nous avons ainsi abordé assez longuement ce voyage, car, outre qu'il s'agit du premier voyage maritime à vapeur, il sert à montrer très distinctement combien grands et combien rapides ont été les progrès de la navigation à vapeur au cours des cinquante dernières années. En lisant un récit comme celui-ci, à l'époque des « bateaux-postes océaniques » et des « Grands Orientaux », nous pouvons à peine croire qu'il y soit fait référence, non pas au Moyen Âge, mais à l'année 1813.

Bateaux à vapeur océaniques.

Après cette époque capitale où la vapeur fut pour la première fois appliquée avec succès à des fins utiles, le progrès humain et l'amélioration dans tous les domaines de la science et de l'art semblaient y avoir été accrochés et s'être désormais précipités en rugissant à sa queue, avec une véritable « vitesse de chemin de fer ». « vers la perfection !

A peine le premier modèle de bateau à vapeur avait-il éclaboussé de ses « pales » disgracieuses les eaux d'un étang que le trafic fluvial au moyen de bateaux à vapeur commençait. Et à peine cela s'était-il avéré être un succès décisif, que des projets audacieux furent élaborés pour traverser l'océan lui-même sur roues. Les hommes ne tardèrent pas à le faire, après le premier départ. Leur esprit intellectuel était à son comble, et le tourbillon de leurs efforts inventifs creusait la cervelle des ingénieurs tandis que les roues de leurs bateaux à vapeur torturaient les eaux des profondeurs.

Et là encore, le nom de Fulton revient en force. Au début de 1814, il conçut l'idée de construire un navire de guerre à vapeur, qui devrait transporter une puissante batterie avec des fourneaux à grenaille chauffée au rouge. Le Congrès a autorisé la construction d'un tel navire et, avant la fin de la même année, il a été lancé. Fulton mourut l'année suivante, mais la renommée de cet ingénieur entreprenant ne mourra jamais.

Le nouveau navire reçut le titre plutôt pittoresque de *Fulton Ier* . Elle se composait de deux bateaux réunis. Ceux qui furent nommés par le Congrès pour l'examiner et faire rapport donnèrent le récit suivant de ce curieux navire de guerre :

« C'est une structure reposant sur deux bateaux et quilles, séparés d'un bout à l'autre par un canal de quinze pieds de large et soixante-six pieds de long. Un bateau contient les chaudrons de cuivre pour préparer sa vapeur ; le cylindre de fer, son piston, son levier et ses roues occupent une partie de l'autre. La roue hydraulique tourne dans l'espace qui les sépare. Le pont principal ou pont de canon supporte l'armement et est protégé par un parapet de quatre pieds dix pouces d'épaisseur, en bois massif, percé d'embrasures. Par trente hublots, autant de trente-deux livres sont destinés à tirer des balles incandescentes, qui peuvent être chauffées avec une grande sécurité et commodité. Son pont supérieur ou pont-espar, sur lequel plusieurs milliers d'hommes peuvent défiler, est entouré d'un pavois qui offre des quartiers sûrs. Elle est gréée de deux gros mâts, dont chacun supporte une grande vergue latine et des voiles. Elle a deux beauprés et focs, et quatre gouvernails, un à chaque extrémité de chaque bateau ; afin qu'elle puisse être dirigée avec l'une ou l'autre extrémité en avant. Ses machines sont calculées pour l'adjonction d'un moteur qui déchargera une immense colonne d'eau, qu'il est prévu de jeter sur les ponts et à travers les hublots de l'ennemi, et d'inonder ainsi son armement et ses munitions.

« Si, en plus de tout cela, nous supposons qu'il soit équipé, selon l'intention de M. Fulton, de Columbiads de cent livres , deux suspendus à chaque proue, de manière à lancer une balle de cette grosseur dans un navire ennemi dix ou douze pieds au-dessous de sa ligne de flottaison, il faut admettre qu'il a au moins l'apparence d'être le moteur de guerre le plus redoutable que l'ingéniosité humaine ait conçu.

Elle l'était certainement ; et même à l'heure actuelle, le *Fulton Ier* ne ferait pas une figure insignifiante s'il était placé aux côtés de nos canonnières, de nos batteries flottantes et de nos frégates à vapeur.

Il n'est pas facile de faire croire aux hommes intelligents des choses qui sentent le merveilleux ; Pourtant, il semble y avoir un point au-delà duquel, une fois qu'un homme est acquis, il continue à croire presque n'importe quoi, aussi absurde soit-il. À cette époque, peu de gens en Europe croiraient la véracité des proportions de ce navire ; mais quand, au fil du temps et à partir de témoignages indubitables, ils furent contraints de croire, ils volèrent jusqu'à l'extrême opposé de l'incrédulité et croyèrent n'importe quoi, comme le montrera le paragraphe suivant, curieusement comique. On dit qu'il est apparu dans un traité écossais sur les bateaux à vapeur et est destiné à un « récit complet, vrai et particulier » de ce monstrueux bateau à vapeur américain. Après lui avoir donné des dimensions trois fois plus grandes qu'elles ne l'étaient en réalité, l'auteur poursuit : « L'épaisseur de ses côtés est de treize pieds de planches de chêne alternées et de bois de liège. Elle porte quarante-quatre canons, dont quatre de cent livres ; des canons de gaillard d'arrière et de gaillard d'avant, de quarante-quatre livres ; et de plus, pour ennuyer un ennemi qui tente d'aborder, ils peuvent décharger cent gallons d'eau bouillante en une minute ; et, par mécanisme, brandit trois cents coutelas avec la plus grande régularité sur ses plats-bords ; travaille aussi un nombre égal de lourdes pointes de fer de grande longueur, les projetant sur les côtés avec une force prodigieuse et les retirant tous les quarts de minute ! Ce navire, bien que probablement destiné à un paquebot océanique, n'a jamais été utilisé comme tel. Mais peu de temps après, un navire propulsé à la vapeur s'est aventuré à traverser l'Atlantique et est ainsi devenu le parent de la navigation commerciale à vapeur. Ce navire était :

Le bateau à vapeur « Savannah ».

Malheureusement, peu d'informations ont été recensées à ce sujet, le premier bateau à vapeur océanique.

Elle fut lancée à New York le 22 août 1818 et, l'année suivante, effectua son premier voyage à Savannah, d'où elle s'embarqua peu après pour Liverpool et traversa l'Atlantique en vingt-cinq jours, dont dix-huit jours. ses moteurs.

Le *Savannah* pesait environ 350 tonnes et était à cette occasion commandé par le capitaine Moses Rodgers. Elle était équipée de machines pour remonter ses roues par temps orageux, qui fonctionnaient admirablement ; et il est mentionné qu'il a été vu sur l'océan à une vitesse de neuf ou dix nœuds.

De Liverpool, ce bateau à vapeur se rendit à Saint-Pétersbourg, puis revint à Savannah en toute sécurité.

C'était l'insertion du coin. Notre propre pays n'a suivi l'exemple qu'en 1838, lorsque les bonnes gens de New York ont été plongés dans un état d'excitation par l'arrivée de deux paquebots, le Sirius *et le Great Western* , en provenance d'Angleterre. Tant de temps s'était écoulé depuis le voyage du *Savannah* que les hommes l'avaient presque oublié et étaient disposés à considérer ces navires comme les *premiers* paquebots océaniques. En fait, certains auteurs bornés et peu généreux ont affirmé qu'ils *étaient* les premiers, ignorant totalement les prétentions antérieures de la *Savane* .

À partir de cette période, les paquebots commencèrent à traverser fréquemment l'Atlantique. Ils le font désormais régulièrement, ainsi que dans presque toutes les autres régions du monde.

Ocean Mail-Steamers.

Les améliorations apportées au cours des dernières années aux bateaux à vapeur de haute mer ont été considérables et rapides. La vitesse atteinte par certains de ces magnifiques navires est tout simplement merveilleuse . De nombreuses personnes encore vivantes se souviennent de l'époque où le voyage vers l'Australie sur un voilier durait six mois. Quel est l'état actuel des choses ? Par plus d'une ligne de bateaux à vapeur, le voyageur peut atteindre Sydney ou Melbourne en quarante jours. Un récent voyage en *Orient* , l'un des derniers et des plus beaux ajouts aux bateaux à vapeur océaniques, mérite plus qu'une simple mention. Le *Lusitania* , qui appartient à la même ligne, parcourut l'Angleterre en Australie en moins de quarante jours, et l'exploit fut considéré comme un grand exploit. Mais le *Lusitania* a été de loin surpassé par son sister-ship l' *Orient* , qui a en réalité accompli le même voyage en trente-cinq jours, quinze heures et quarante-six minutes. De Plymouth au Cap de Bonne-Espérance, l' *Orient ne prenait* que dix-sept jours et vingt et une heures. Il s'agit de la vitesse la plus rapide jamais enregistrée. Reste à savoir si c'est la vitesse maximale possible pour les bateaux à vapeur océaniques, ou si elle est destinée à être dépassée par un degré de vitesse encore plus élevé. De nombreuses personnes estiment que les facilités de vitesse accrues qui sont désormais à la portée des voyageurs effectuant de longs voyages conduiront progressivement à l'abandon total des voiliers pour le trafic de passagers. C'est peut-être le cas, mais nombreux sont ceux qui, pour un long voyage en mer, préféreraient un bateau à voile plutôt qu'un bateau à vapeur, malgré sa vitesse très inférieure. Mais aujourd'hui, tout doit être sacrifié au *temps* . « Le temps passe vite » est actuellement la devise du pouvoir le plus instantané et le plus puissant dans le monde ; mais le jour n'est peut-être pas loin où le décret « Jusqu'ici, et pas plus loin » devra être prononcé non seulement sur la vitesse des bateaux à vapeur, mais sur la course essoufflée et la précipitation de notre époque en général.

Le yacht du tsar « Livadia ».

L'un des bateaux les plus remarquables à flot est sans aucun doute le yacht à vapeur du tsar russe, le *Livadia* . C'est à une entreprise de construction navale écossaise que revient le mérite d'avoir construit ce navire unique et splendide, et c'est certainement une plume dans le chapeau de MM. Elder and Company, les célèbres constructeurs navals de Glasgow, du chantier duquel le *Livadia* a été lancé en juillet 1880.

On croirait que le point culminant du confort et du luxe a été atteint dans les hébergements proposés par le *Livadia* ; mais c'est loin d'être le seul ni même le principal rapport par lequel le vaisseau est remarquable. Il est remarquable d'un point de vue purement nautique, car il est le résultat de principes dont on peut dire qu'ils révolutionnent presque toutes les idées préexistantes en matière de construction navale, même si quelque chose comme le même principe peut être trouvé dans les cuirassés circulaires de l'amiral Popoff.

Jusqu'à présent, le plan suivi par les architectes navals, où le souhait était une vitesse exceptionnelle, était de donner au navire en cours de construction une longueur combinée à des lignes aussi fines et à des proportions aussi parfaites que possible. Mais dans le cas d'un bateau de plaisance impérial, comme le *Livadia* , le but était d'obtenir un logement plus spacieux et plus semblable à un salon que ce qui est compatible avec la longueur, l'étroitesse de la largeur et les lignes fines ; et les constructeurs du nouveau yacht du tsar ont réussi à assurer non seulement cet espace intérieur et ce confort, mais aussi un degré de vitesse satisfaisant.

C'est aux efforts conjugués de l'amiral Popoff de la marine russe et du Dr Tideman du chantier naval royal d'Amsterdam que l'on doit la conception du *Livadia* . Il n'est pas facile, avec des mots, de transmettre une impression distincte de cet engin aux formes curieuses, mais notre description donnera, nous l'espérons, au lecteur une idée assez correcte du navire.

Les constructeurs du *Livadia* auraient choisi un turbot comme modèle pour la coque ; et en prenant ainsi un poisson plat comme suggestion pour leur navire, les constructeurs, comme le souligne un auteur récent sur le sujet, n'ont suivi aucune fantaisie extravagante, quoique certainement nouvelle. En termes généraux, le *Livadia* peut être décrit comme un ovale large et peu profond, à moitié submergé, tandis que sur ce radeau en forme de turbot est érigée une superstructure, d'apparence quelque peu similaire à celle d'un navire ordinaire, et comprenant de grands, hauts et somptueux salons. et autres appartements.

Le *Livadia* mesure 260 pieds de long, 150 pieds de large et 50 pieds de profondeur. Il pèse 11 609 tonnes et son déplacement 4 000. Les deux principaux mérites du *Livadia* , en raison de sa construction particulière, sont : premièrement, que sa charpente peut supporter une superstructure aux proportions presque somptueuses, telle qu'elle ferait fondre n'importe quel autre navire ; et deuxièmement, que sa grande largeur de largeur maintient le navire aussi stable qu'un navire peut l'être, tandis que, en même temps, ses lignes inférieures assurent un très bon degré de vitesse.

Le *Livadia* possède de puissants moteurs de propulsion. Il y en a trois ensembles, chacun avec trois cylindres, le diamètre étant de soixante pouces pour la haute pression et de soixante-dix-huit pouces pour la basse, avec une course de trois pieds trois pouces. On a assuré autant de solidité et de légèreté que possible aux hélices en les construisant en fer au manganèse ; tandis que l'acier a été largement employé pour les moteurs et les chaudières, qui sont, pour leur poids, les plus puissants que possède un navire. La puissance estimée est de 10 500 chevaux et le navire, dans des conditions favorables , peut faire quinze nœuds à l'heure.

Le double fond étanche du *Livadia* a trois pieds six pouces de profondeur au centre et deux pieds neuf pouces à chaque extrémité. Dans cette partie inférieure en forme de turbot se trouvent les machines, et c'est aussi le réceptacle des charbons et des magasins de toutes sortes. Le double fond du navire comprend quarante compartiments, et l'ensemble est suffisamment solide, croit-on, pour résister aux intempéries les plus violentes auxquelles le yacht est susceptible d'être exposé, ainsi qu'à la tension de sa puissante machinerie.

La longueur entière de la partie supérieure du navire, dans laquelle se trouvent les appartements impériaux et les quartiers des officiers et de l'équipage, est de 260 pieds, et la largeur de 110 pieds. L'équipage a indiqué le numéro 260. Les appartements privés du tsar lui-même se trouvent à l'avant du pont principal, bien à l'abri de la chaleur des moteurs et de l'odeur des machines. Le visiteur du navire est peut-être surtout frappé par la hauteur à laquelle les ponts s'élèvent au-dessus de la coque, le compartiment le plus élevé étant aménagé en salon de réception, au centre duquel une petite fontaine surgit d'un lit de fleurs. Cette partie du navire est à quarante pieds au-dessus du niveau de la mer. L'appartement est luxueusement aménagé à la manière du règne de Louis XVI. Le salon est meublé dans un style tout aussi somptueux, dans le style tartare de Crimée ; mais le reste des appartements impériaux est d'une décoration plus simple. Derrière les cheminées se trouve un autre rouf contenant les quartiers du capitaine et les chambres du grand-duc Constantin. On voit ainsi que la *Livadia* est littéralement un palais flottant, équipé et décoré avec cet amour presque oriental du faste qui caractérise le peuple russe.

Les trois vis dont est muni le *Livadia* sont entièrement immergées dans l'eau, autre nouveauté dans la construction du navire. Une ou même deux de ces vis pourraient subir des blessures graves et le navire resterait gérable.

Il n'est pas étonnant que le lancement d'un engin, à la fois si splendide et si curieux, ait suscité beaucoup d'intérêt et d'excitation dans le quartier où il a eu lieu. Une compagnie distinguée a assisté à la cérémonie, tandis que la foule qui bordait les rives de la rivière Clyde comptait 10 000 personnes. Un bref service était célébré par trois prêtres de l'Église grecque, et les proues du vase étaient ensuite aspergées d'eau bénite. Après la conclusion de cette cérémonie, le yacht a reçu son nom de la duchesse de Hamilton, puis a été lancé. Le lancement fut un succès complet, le *Livadia* prenant l'eau avec vaillance, bien que la tâche fût d'une difficulté plus que ordinaire en raison de la grande largeur du fond sans quille du navire, qui augmentait beaucoup la friction à surmonter. Lors du déjeuner qui a conclu les débats de la journée, M. Pearce, le président, qui représentait la société Elder and Company, a déclaré que le principe adopté pour la construction du *Livadia* serait probablement plus utile dans le cas des navires de guerre que des navires marchands. navires, mais que les constructeurs de ces derniers pourraient également tirer des indications précieuses de la construction du nouveau navire. Il reste encore du temps pour savoir si tel sera le cas.

Une découverte très intéressante d'un navire de guerre nordique a été récemment faite à Sandefjord en Norvège. Ce navire, sans aucun doute, est un de ceux sur lesquels ces redoutables boucaniers, les Normands, sillonnaient les côtes de la Grande-Bretagne et de la France il y a dix cents ans. Il a été retrouvé enfoui dans le sol et semble avoir été le sépulcre d'un grand chef viking, qui y avait probablement navigué à plusieurs reprises, à la terreur et au détriment d'un voisin moins guerrier et moins puissant .

Le navire est exceptionnellement grand et très entièrement équipé. Sa longueur est d'environ soixante-quinze pieds ; et des voiles, des gréements, un certain nombre de boucliers et d'autres instruments de bataille furent trouvés à bord.

Chapitre quatorze.

Le « Grand Oriental ».

Le bateau à vapeur *Great Eastern* mérite incontestablement d'être considéré comme la huitième merveille du monde. Il est actuellement de loin le plus grand navire du monde et constitue la plus magnifique création d'architecture navale jamais lancée sur la mer.

L'essentiel du récit suivant sur cet intéressant navire a été recueilli principalement à partir du Times et de l'Illustrated London News pour 1859, année au cours de laquelle le *Great Eastern* a été lancé, et à partir d'une brochure qui a été vendue à bord, avec la permission des propriétaires. .

Le *Great Eastern* était destiné à la route indienne et australienne par le cap de Bonne-Espérance. Le résultat d'une grande expérience de la navigation à vapeur a prouvé que la taille du navire (lorsque la vapeur est utilisée) doit être proportionnelle à la longueur du voyage. M. Brunel, l'ingénieur talentueux au génie et à la persévérance duquel ce navire monstre doit son existence, agissant sur ce principe, a calculé que le voyage vers l'Australie et retour était de 22 500 milles, soit un navire de 22 500 tonnes de charge (ou une tonne de charge pour chaque mille). pour être cuit à la vapeur), il faudrait le construire, capable de transporter du combustible pour tout le voyage, étant impossible, sans encourir d'énormes dépenses, de se procurer du charbon pour un tel navire dans les ports intermédiaires.

La Eastern Steam Navigation Company entreprit le travail herculéen. Le coût total de la construction a été estimé à 804 522 livres. M. Brunel a préparé les dessins. Un terrain fut choisi sur les rives de la Tamise, dans le chantier de la société à Millwall, et la construction commença, selon les lignes tracées par M. Scott Russell, le 1er mai 1854 .

Chaque détail de l'aménagement et de la construction de cette merveille du monde est plein d'intérêt. La simple préparation du terrain pour recevoir son énorme poids était de nature à remplir l'esprit des hommes d'étonnement. Ses supports et ses échafaudages, ainsi que les machines par lesquelles il a finalement été lancé, ont mis à rude épreuve les compétences de ses ingénieurs encore plus que sa construction. Une ville d'ateliers, de fonderies et de forges surgit autour de sa coque ; et à mesure que celle-ci s'élevait, pied après pied, dans toutes ses proportions gigantesques, les édifices environnants tombaient dans l'insignifiance, et la population occupée des artisans se groupait autour d'elle comme des fourmis sur un monarque prosterné des arbres forestiers.

La coque du *Great Eastern* est entièrement construite en fer et mesure 680 pieds de longueur, 83 pieds de largeur et 60 pieds de hauteur de la quille au pont. Il est divisé transversalement en dix compartiments séparés de 60 pieds chacun, rendus parfaitement étanches par des cloisons, n'ayant aucune ouverture plus basse que le deuxième pont ; tandis que deux parois longitudinales de fer, espacées de 36 pieds, traversent 350 pieds de longueur du navire.

L'esprit se rendra mieux compte de l'ampleur de ces dimensions si l'on ajoute que le *Great Eastern* est six fois plus grand que le navire de ligne du Duc de Wellington, que sa longueur est plus de trois fois la hauteur du Monument. , tandis que sa largeur est égale à la largeur de Pall Mall, et une promenade autour du pont permet une promenade de plus d'un quart de mile.

Il n'y a pas de quille proprement dite, mais à sa place une plaque de fer plate, d'environ deux pieds de largeur et un pouce d'épaisseur, qui s'étend sur toute la longueur, de l'étrave à la poupe. C'est la base sur laquelle tout le reste est élevé, plaques et poutres. Les plaques de fer qui forment son bordage ont trois quarts de pouce d'épaisseur. Jusqu'au filigrane, la coque est construite avec une peau intérieure et une peau extérieure espacées de deux pieds dix pouces, les deux peaux étant faites de plaques de trois quarts dc pouce, sauf au fond, où les plaques ont un pouce d'épaisseur ; et entre celles-ci, à des intervalles de six pieds, courent des bandes horizontales de plaques de fer qui lient les deux peaux ensemble, et on peut ainsi dire que la partie inférieure de la coque a deux pieds dix pouces d'épaisseur.

Ce mode de construction ajoute sensiblement à la sécurité du navire ; car, en cas de collision en mer, la peau extérieure pourrait être percée tandis que la peau intérieure pourrait rester intacte. Cet espace peut également à tout moment être rempli d'eau, et ainsi obtenir du lest, à hauteur de 2 500 tonnes.

On peut se faire une idée de la grandeur et du poids du navire du fait que chaque plaque de fer pèse environ un tiers de tonne et est fixée par une centaine de rivets de fer. Environ trente mille de ces plaques ont été utilisées dans sa construction, ainsi que trois millions de rivets. La fixation de ces rivets était l'une des nombreuses opérations curieuses réalisées au cours de la construction. Les riveteurs étaient répartis en équipes, chaque équipe étant composée de deux riveteurs, d'un titulaire et de trois garçons. Deux garçons étaient postés près du feu ou de la forge portative, et un avec le porteur. Le devoir de ce garçon était de recevoir avec ses pinces le rivet chauffé au rouge du garçon de la forge, et de l'insérer dans le trou destiné à le recevoir, la pointe dépassant d'environ un pouce. Le porteur plaça aussitôt son lourd marteau contre la tête du rivet, et l'y maintint fermement, pendant que les deux riveteurs l'attaquaient devant à coups alternés, jusqu'à ce que la partie fraisée du trou soit comblée, après quoi la tête saillante. a été coupé en douceur avec la plaque, l'ensemble de l'opération occupant à peine une minute. En rivetant la double partie du navire, le porteur et son garçon se trouvaient nécessairement dans la partie intérieure des tubes et passèrent toute la journée dans l'espace étroit qui les séparait (de deux pieds dix pouces de large), dans une obscurité relative, ayant seulement la lueur fournie par une seule bougie trempée, et étant immédiatement sous les coups assourdissants des riveteuses.

Le *pont* du *Great Eastern* est double, ou cellulaire, d'après le plan du pont tubulaire Britannia. Le pont supérieur est parfaitement dégagé de la proue à la poupe, et celui qui fait quatre tours de haut en bas de la proue à la poupe parcourt plus d'un mile. La force de ce pont est si énorme que si le navire était repris par ses deux extrémités, avec toute sa cargaison, ses passagers, ses charbons et ses provisions à son bord, il soutiendrait le tout. Le pont a été recouvert de bordés en teck et a été raboté et nettoyé pour lui donner la blancheur d'un homme de guerre. Même le bout d'une corde égarée ne brise pas l'effet merveilleux produit par son immense étendue. Sa flotte de petits bateaux, de la taille d'un cotre à voile, est suspendue aux bossoirs, dix de chaque côté. Il y a six mâts et cinq entonnoirs. Les trois mâts centraux à gréement carré sont en fer. Ils ont été fabriqués par M. Finch de Chepstow et sont les plus beaux spécimens de mâts de ce type jamais fabriqués. Chacune est faite de fer forgé creux en longueurs de huit pieds, renforcée à l'intérieur par des diaphragmes du même matériau. Entre les joints, au fur et à mesure qu'ils étaient boulonnés ensemble, a été placé un tampon de matériau vulcanisé. Inde - le caoutchouc, qui donne à l'ensemble du longeron une ressort et une flottabilité supérieures à celles du bois, tout en conservant toute la résistance du fer. Les autres mâts sont en bois, et la toile pouvant être déployée ne fait pas moins de 6 500 mètres carrés. Sur le pont se trouvent quatre petits treuils ou moteurs à vapeur, dont chacun fait fonctionner une paire de grues des deux côtés du navire ; et avec ces cinq mille tonnes de charbons peuvent être hissées dans le navire en vingt-quatre heures.

Les *moteurs* et les chaudières sont d'une puissance et d'une ampleur immenses. Il existe des moteurs à vis et à palettes, le premier étant capable de développer jusqu'à 6 500 chevaux, le second jusqu'à 5 000 chevaux. Il y a dix chaudières et cent douze fours. Les moteurs à palettes, fabriqués par MM. Scott Russell and Company, mesurent près de 40 pieds de haut. Chaque cylindre pèse environ 28 tonnes et chaque roue à aubes mesure 58 pieds de diamètre, soit considérablement plus grand que l'anneau du cirque d'Astley. Les moteurs à vis ont été fabriqués par MM. Watt and Company de Birmingham. Ils sont constitués de quatre cylindres de 84 pouces de diamètre et de 4 pieds de course. L'hélice à vis mesure 24 pieds de diamètre et 37 pieds de pas ; et l'arbre du moteur mesure 160 pieds de long, soit 12 pieds de plus que la hauteur de la colonne du duc d'York. Les pales et la vis, lorsqu'elles travaillent ensemble à leur pas le plus élevé, exercent une force égale à 11 500 chevaux, ce qui est suffisant pour faire fonctionner toutes les filatures de coton de Manchester ! La consommation de charbon pour produire cette force est estimée à environ 250 tonnes par jour.

Outre ces moteurs, il existe également plusieurs moteurs auxiliaires pour pomper l'eau dans les chaudières, etc.

L'hébergement des passagers dans le *Great Eastern* est très étendu, à savoir 800 passagers de première classe, de 2 000 à 4 000 passagers de deuxième classe et environ 1 200 passagers de troisième classe ; ou si des troupes étaient prises seules, elle pourrait accueillir 10 000 hommes.

Les *salons* sont aménagés de la manière la plus élaborée et la plus coûteuse. Le salon principal est magnifiquement meublé. On dit que les miroirs, les dorures, la moquette et les rideaux de soie de cet appartement coûtent à eux seuls 3 000 livres. Dans les couchettes, bien entendu, aucune tentative de décoration coûteuse de ce genre n'est faite, bien que les équipements soient bons et suffisamment luxueux. Les couchettes sont disposées en trois classes : celles pour des groupes de six ou huit personnes, et ce sont de grandes chambres ; ceux pour les groupes de quatre ; et le reste dans le style habituel des cabines doubles. Toutes sont très spacieuses, comme les cabines, très hautes, bien éclairées, et celles des côtés extérieurs extrêmement bien ventilées. Sur le pont inférieur, les couchettes sont encore plus grandes, plus hautes et plus spacieuses que celles du pont supérieur. Les couchettes et les salons ici sont en fait presque inutilement hauts, ayant près de quinze pieds de hauteur libre. Les cuisines, les garde-manger et les arrière-cuisines sont tous de la même taille et équipés de tous les équipements culinaires des hôtels de première classe. La glacière peut contenir plus de 100 tonnes de glace ; et les hautes caves à vin, car elles le sont effectivement, contiennent suffisamment de vin pour constituer un bon fret pour un commerçant de Porto.

Divers .— En plus des bateaux du *Great Eastern* (au nombre de vingt), il transporte deux petits bateaux à vapeur, chacun mesurant 100 pieds de long, 16 pieds de large, 120 tonnes de charge et 40 chevaux-vapeur, suspendus à l'arrière de la pagaie. -des boites.

Comme la voix du capitaine ne pouvait être entendue à mi-chemin de la proue, même à l'aide de l'ancienne trompette parlante, cet instrument est supplanté par les signaux *sémaphores* le jour et les lampes *colorées* la nuit ; le *télégraphe électrique* est également utilisé en relation avec les salles des machines. Il y a dix *ancres* , dont quatre sont le brevet de Trotman, pesant sept tonnes chacune. Les *câbles* mesurent chacun 400 brasses de long et leur poids total est de 100 tonnes. Le *tonnage* du *Great Eastern* est de 18 500 tonnes au registre et de 22 500 tonnes en jauge de chantier. L' *équipage* se composait d'abord de treize officiers, dix-sept ingénieurs, un maître de voile et un commissaire de bord, quatre cents hommes et deux ou trois chirurgiens, tous sous le commandement de feu le capitaine W. Harrison (anciennement de la ligne Cunard). .

Le *lancement* de ce Léviathan était une entreprise des plus formidables, et fut réalisé au moyen de puissants vérins hydrauliques, qui propulsaient le navire sur les « voies » de lancement. Le navire reposait sur deux gigantesques berceaux et était poussé latéralement vers le bas du plan incliné jusqu'à ce qu'il flotte sur le fleuve. Grâce à une complication d' appareils ingénieux , le grand navire était réglé dans sa descente de manière à avancer lentement et régulièrement sur les voies. Plusieurs tentatives infructueuses furent faites pour le lancer, et plusieurs des vérins hydrauliques tombèrent en panne avant qu'il ne flottait sur le sein du Old Father Thames ; et le coût de cette seule opération aurait été de près de 100 000 livres.

L' *essai des moteurs* , à vis et à palettes, eut lieu pour la première fois le 8 août 1859, lorsque l'achèvement du navire fut célébré par un banquet à bord. Le premier mouvement des gigantesques manivelles et cylindres des moteurs à palettes eut lieu précisément à une heure et demie, lorsque les grandes masses montaient et descendaient lentement, aussi silencieusement que les moteurs d'un bateau de Greenwich, mais exerçant dans leurs révolutions ce qui semblait être un un pouvoir presque irrésistible. Il n'y avait aucun bruit, aucune vibration, ni le moindre signe de chaleur. L'énorme charpente de ferronnerie prit aussitôt vie et mouvement, avec autant de facilité que si chaque tige et manivelle avait été travaillée au cours des dix dernières années.

Le *voyage d'essai* du *Great Eastern* fut un événement qui suscita un intense intérêt dans tout le royaume. Pour la première fois, il a largué ses amarres mercredi matin (7 septembre) et atteint la Nore jeudi où il a jeté l'ancre pour la nuit avant de reprendre la mer. Vendredi matin, à neuf heures dix, elle a entamé son premier voyage en eau salée. La conviction de l'extrême stabilité du navire a dû rapidement saisir tout le monde à bord. Il n'y avait aucun mouvement perceptible d'aucune sorte. Le navire géant fut rapidement entouré de yachts, de remorqueurs, de chaloupes de pêche et, en fait, d'un représentant de presque tous les types de navires qui prévalent à la Nore . Ceux-ci l'accompagnèrent aussi loin que leurs capacités de navigation limitées le permettaient. Bien qu'il y ait eu des grains violents et une mer agitée presque tout au long du voyage, aucun des visiteurs n'a ressenti le moindre inconvénient, pas même parmi la plus belle partie des passagers. La matinée, plutôt belle au début, s'est brusquement nuageuse et les grains changeants se sont accrus en violence. Bien que les rafales du temps aient atténué le plaisir de tous à bord, elles ont néanmoins fourni l'occasion de tester les propriétés du navire, maintenant à la fois à la pagaie et à l'hélice ; et c'était le souhait de M. Scott Russell et de tous à bord de rencontrer un bon coup de vent. Avec un calcul modéré, la distance du pont à l'eau ne pourrait pas être bien inférieure à quarante pieds, tandis que le navire a près de sept cents pieds de long. Cette zone présenterait, bien entendu, une surface énorme à la force du vent, et faisait l'objet de nombreuses discussions quant à l'effet qu'elle aurait sur ses qualités marines. Le navire était aussi raide et stable que s'il était resté sur ses berceaux dans l'Île aux Chiens, et sa route était aussi calme et droite que s'il se trouvait sur un lac sans un bouchon de vent.

On dit qu'à une partie du voyage, il parcourut dix-neuf milles à l'heure.

L' *explosion* . — Tout s'est bien passé jusqu'à ce que le navire ait dépassé Folkestone . Vers cinq heures et demie, alors que la majorité des passagers étaient sur le pont et qu'il ne restait que quelques messieurs dans la salle à manger, une terrible explosion se produisit, et en un instant une pluie de verre brisé , de fragments de bois et de fer. , est venu s'écraser à travers la lucarne. Ceux qui étaient dans la cabine se précipitèrent sur le pont. Le navire avançait toujours ; aux deux extrémités, tout était calme et désert, tandis qu'au centre tout n'était que fumée, feu, vapeur et confusion. Le grand entonnoir, pesant huit tonnes, avait été projeté comme s'il sortait d'un mortier et est tombé sur le pont brisé en deux morceaux. Tout le centre du navire semblait n'être qu'un vaste gouffre d'où sortaient de la vapeur, de la poussière et quelque chose qui ressemblait à un début d'incendie. Le capitaine Harrison a agi noblement en cette terrible occasion. Il se tenait sur le pont au-dessus de lui, regardant dans l'habitacle, et au moment où il entendit le bruit, et alors que la douche destructrice tombait toujours rapidement, il sauta sur le pont et ordonna une descente immédiate vers le salon des dames, dans la ferme conviction qu'ils étaient tous là comme la veille. Mais beaucoup d'hommes étaient pris de panique et avaient déjà reculé devant l'explosion. Un passager insensé avait poussé le cri : « Les bateaux », et, aidé de quelques matelots, essayait follement de les faire descendre. En un instant , tout aurait été perdu ; car la ruée vers les bateaux aurait été générale et des centaines de personnes auraient été noyées, tandis que le noble navire aurait été abandonné à une destruction certaine. Mais la voix du capitaine se fit entendre comme une trompette, criant : « Hommes, à votre devoir ; officiers, à vos postes ; donnez-moi une corde et que six hommes me suivent ! L'effet de cette brève allocution fut électrique. En un instant, il avait glissé le long de la corde jusqu'au salon, suivi de son courageux maître d'équipage Hawkins, et six volontaires ne manquaient pas longtemps pour cet espoir désespéré. L'un après l'autre, il ouvrit les panneaux dorés ; mais le splendide appartement n'avait, chose étrange, que deux habitants : sa petite fille Edith et son chien de compagnie. C'était la récompense de sa bravoure que son propre enfant soit ainsi celui qui était si providentiellement sauvé. Mais même alors, il ne perdit pas un seul instant son sang-froid. Attrapant l'enfant et voyant d'un seul coup d'œil qu'elle était indemne, il s'écria : « Passez-la sur le pont ; il y a d'autres pièces à fouiller. Il se déplaçait ainsi rapidement, mais froidement, et ne retournait sur le pont que lorsqu'il s'était assuré qu'il n'y avait pas une seule femme dans la chambre brûlante, fumante et suffocante. Son ami intime, M. Trotman, qui l'avait suivi presque aussitôt, trouva le pauvre petit chien gémissant sous un tas de ruines et fut le moyen de le restituer à sa petite maîtresse.

Le magnifique salon était un amas de meubles, de miroirs et d'ornements déchirés et brisés. Si les passagers s'étaient rendus dans cet appartement après le dîner, plutôt que sur le pont, les conséquences auraient été terribles.

Un témoin oculaire décrit ainsi la scène de dévastation :

« Les miroirs qui formaient le revêtement de l'entonnoir qui avait été la cause de tant de dégâts furent littéralement réduits en atomes, et de gros fragments de verre brisé furent projetés sur le pont, à une longue distance en arrière des roues à aubes. Les colonnes ornementales en bronze qui soutenaient les corniches dorées et les ornements élaborés étaient soit abattues, soit pliées dans les formes les plus fantastiques ; le plancher, constitué de planches de trois pouces, était soulevé en plusieurs endroits ; les passerelles menant aux cabines de couchage sur les côtés ont été abattues ; les rampes avaient disparu et l'élégant tapis était caché sous un chaos de fragments de parures. Les livres sur les étagères de la bibliothèque restaient impassibles ; le piano fut renversé ; et le sol présentait d'énormes gouffres soulevés et déchirés, à travers lesquels on pouvait voir les ruines encore plus grandes de la cabine inférieure. Au-dessous du salon, ou salon, se trouve le salon du pont inférieur, qui était, bien entendu, traversé par le même entonnoir que celui du dessus. De chaque côté de ces salons spacieux se trouvaient de petits escaliers menant à des blocs de cabines de couchage, dont presque aucune n'aurait été sans ses deux ou plusieurs occupants quelques heures plus tard dans la soirée. Ils étaient maintenant détruits comme un château de cartes. Les meubles qu'ils renfermaient formaient des amas de chaises disloquées, de lavabos et de bassines ; les portes étaient sorties de leurs gonds, les cloisons étaient poussées vers l'extérieur, les escaliers qui y conduisaient devaient être recherchés dans les éclats et les bois brisés qui gisaient en tas dans le salon inférieur.

Les malheureux qui travaillaient aux poêles et entretenaient les fourneaux furent les victimes de cette catastrophe. Croyant que l'une des chaudières avait explosé, on craignait que l'ensemble des chauffeurs et des ingénieurs travaillant sur les moteurs à aubes ne soient tués. M. Trotman descendit par le puits d'air communiquant avec les autres chaudières. Voyant à la lumière des fourneaux un certain nombre d'hommes s'agiter, il demanda s'ils allaient bien, et la réponse envoyée depuis les profondeurs les plus basses du navire fut : « Très bien pour le moment, mais nous ne savons pas combien de temps encore. .» On leur a dit de se taire et de rester où ils étaient ; qu'ils ne pourraient être d'aucune utilité sur le pont, et que tout irait bien dans quelques minutes. Les braves gens restèrent près de leurs fourneaux ardents avec une bonne volonté résolue. Dans le cas des pompiers qui s'occupaient de l'autre groupe de chaudières, une scène très différente se déroulait. Des cordes furent jetées à terre et, un à un, des hommes blessés, saignants et chancelants furent remontés, leurs visages noirs et crasseux formant un contraste épouvantable avec des parties échaudées de leurs membres et de leur corps. Les hommes ont été conduits à l'hôpital et dans les cabines, où des matelas et des couvertures leur ont été préparés.

Deux ou trois de ces pauvres gars se dirigèrent vers le pont presque, sinon tout à fait, sans aide. Leur aspect racontait sa propre histoire, et quiconque avait déjà vu des hommes explosés auparavant ne pouvait ignorer d'un coup d'œil que certains n'avaient que deux ou trois heures à vivre. Là où elle n'était pas souillée par la fumée ou les cendres, la blancheur particulière, douce et brillante du visage, des mains ou de la poitrine, indiquait immédiatement que la peau, bien que intacte, avait en fait été bouillie par la vapeur. Un homme marchait et semblait totalement inconscient du fait que la chair de ses cuisses (très probablement à cause des cendres du four) était brûlée dans des trous profonds. À quelqu'un qui lui venait en aide, il dit doucement : « Je vais bien. Il y en a d'autres pires que moi ; va les soigner. Ce pauvre homme fut le premier à mourir. On s'aperçut aussitôt qu'il y avait peu d'espoir pour la plupart, sinon la majorité, des malades, qui étaient au nombre de douze. La plupart d'entre eux semblaient très agités et presque, sinon tout à fait, délirants ; mais quelques-uns de ceux dont les blessures risquaient d'être plus immédiatement mortelles restaient silencieux, à moitié inconscients, ou tout au plus ne demandant qu'à être couverts, comme s'ils sentaient le froid. Car ces derniers savaient tous qu'il n'y avait rien à faire, car ils étaient alors en train de mourir.

L'explosion s'était produite dans la double enveloppe située au fond de l'une des cheminées. Nous n'avons pas l'espace pour décrire ceci minutieusement, et le lecteur général la description, si elle était donnée, serait à peine comprise ; mais il convient de remarquer que la machine qui a causé ce déplorable accident avait été auparavant condamnée en termes fermes par des juges compétents, et il ne fait aucun doute que l'enveloppe d'eau chaude autour de l'entonnoir n'aurait jamais dû être là.

Après la catastrophe, le *Great Eastern* a continué sa route comme si de rien n'était, même si la force de l'explosion était suffisante pour envoyer n'importe quel autre navire au fond. Les dégâts ont été estimés à 5 000 livres. Elle arriva à Portland le 10 et y resta quelque temps pour subir des réparations. Ensuite, elle a poursuivi son voyage d'essai à Holyhead , où elle est arrivée le 10 octobre. Les résultats de l'essai, à l'exception bien entendu de l'accident,

furent très satisfaisants. Sa vitesse dans des circonstances défavorables avait
été bonne et ses moteurs avaient fonctionné admirablement. Contre un vent
contraire, il allait aussi régulièrement que s'il était dans le port , mais avec le
vent de travers, il a roulé considérablement. Au total, il y avait de bonnes
raisons d'espérer que le *Great Eastern* répondrait aux attentes optimistes de
ses plus fervents admirateurs.

Le récit suivant de la suite de son voyage d'essai de Portland à Holyhead , tel
que recueilli dans le *Times*, est extrêmement intéressant : — Lorsque la vapeur
fut montée et que tout était prêt à partir de Portland, l'équipage fut envoyé
en avant pour lever l'ancre. Quatre-vingts hommes suffirent pour hisser le
Great Eastern jusqu'à ses amarres. Cependant, sortir l'ancre de terre n'était pas
si facile ; et ce n'est que lorsque toutes les ressources musicales connues des
marins dans de telles occasions furent presque épuisées que la tenace plainte
du brevet de Trotman fut relâchée, lorsqu'une lente dérive avec la marée
montra que le grand navire était de nouveau libéré. Une minute plus tard,
sans cris, sans confusion ni précipitation d'aucune sorte, et avec moins de
bruit que celui produit par un caboteur de 100 tonnes, une légère vibration
traversant le navire, avec une fine ligne de mousse à l'arrière, indiqua que les
moteurs à vis étaient en marche. au travail et le navire à nouveau en route.
Tout s'accomplit avec une telle facilité, avec une tranquillité et un ordre si
parfaits, que les acclamations occasionnelles des yachts et des paquebots
furent presque le premier signe donné à ceux à bord que le voyage d'essai
avait commencé . À quatre heures moins le quart, la « route » sur le navire
était rapide ; sa tête tournait comme un bateau de plaisance ; et si peu de
signes indiquaient que le navire était à la vapeur, qu'il semblait plutôt que le
brise-lames était à la dérive et flottait lentement au-delà, que que le navire
monstre fendait réellement les vagues bleues avec une force que, jusqu'à
présent, nous je n'ai vu ni vent ni mer pour résister ou contrôler. Dès que
l'ancre fut levée, le capitaine Harrison passa le mot d'avancer facilement avec
les deux moteurs, et les roues commencèrent leurs révolutions, lentement au
début, mais laissant néanmoins une trace d'écume sur l'eau telle qu'elles n'en
avaient jamais fait au premier départ depuis Deptford au Nore .
L'augmentation de la vitesse due au travail des palettes fut d'abord légère ;
non pas à cause d'un manque de puissance, cependant, mais simplement du
fait que les deux moteurs étaient commandés pour fonctionner lentement et
que, bien que propulsant le grand navire à environ onze nœuds, ils roulaient
à peine à la demi-vitesse indiquée.

En quittant Portland, il était nécessaire de faire un peu de demi-tour en
quittant le brise-lames, car juste en avant, sur la proue tribord, se trouvait un
petit bateau-phare, ressemblant au squelette d'un navire, et marquant la
présence d'un haut-fond dangereux, connu par le nom le plus approprié et le
plus significatif de « The Shambles ». À l'intérieur s'étendait une longue et

trouble crête d'eau irritée, où courait la Race of Portland, et où une profonde houle, comme le golfe de Gascogne à échelle réduite, continuait de dégringoler et de se briser en embruns comme des congères de neige contre la haute altitude. des falaises décharnées. Cependant, il n'était pas nécessaire de surveiller réellement les petites monticules d'eau vertes, qui semblaient buter contre la côte, pour convaincre tous les passagers que le *Great Eastern* était en mer. Au grand soulagement et au confort infinis de tous les passagers, le navire commença à céder à la raison et à se comporter autant comme un autre navire que possible, en fonction de sa taille. Ce serait trop dire qu'elle a roulé à ce moment-là ; car lorsque le *Great Eastern* roule, si jamais il roule, les voyageurs peuvent compter sur lui pour accomplir quelque chose dans ce style particulier de navigation océanique, tout à fait proportionnellement à sa masse ; mais une chose est sûre : c'est qu'il s'est déplacé d'un côté à l'autre suffisamment pour montrer qu'il était sensible au mouvement de l'eau, et que si jamais il traverse une mer de travers, il est probable qu'il s'y déplacera avec volonté, bien que lentement et facilement.

Continuant pendant un temps considérable avec un peu plus de la moitié de sa vapeur, le *Great Eastern* avançait en moyenne à plus de treize nœuds (quinze milles) par heure. Le meilleur indicateur de la rapidité de la progression du navire était la manière dont il dépassait les goélettes à voile rapide et révisait les paquebots. À ce moment-là, presque toute la houle avait cessé, et le navire monstre se précipitait sur ce qui était pour elle des vagues mimiques, et laissait moins de sillage sur les eaux que n'en cause dans la Tamise un bateau de Gravesend. La seule particularité de sa progression résidait dans les trois lignes distinctes d'eau mousseuse que formaient la vis et les pagaies et qui, s'étendant dans le clair clair de lune comme une large route, semblaient comme si le *Great Eastern* avait rempli son dessein et avait réellement franchi le pont. mer.

Pendant une grande partie du trajet, les palettes travaillaient facilement de neuf à dix tours, et la vis de trente-deux à trente-quatre tours par minute. Cela donnera à la plupart des lecteurs une meilleure idée de la nature énorme de la taille et de la vitesse des moteurs qui fonctionnaient si facilement, quand il sera dit qu'à dix tours, les roues à aubes se précipitaient dans l'eau à une vitesse d'environ 1600 pieds par minute. , et la vis tournait à 2 500. Ce faisant, la consommation de carburant était de 250 tonnes par jour pour les deux moteurs, la puissance indiquée étant supérieure à 5 000 chevaux, soit environ 2 000 chevaux pour les aubes et un peu plus de 3 500 pour les aubes. la vis. Cependant, pour qu'il puisse avancer à pleine vitesse, dans de telles circonstances, le grand navire aurait dû être enfoncé par l'arrière d'au moins dix-huit pouces de plus qu'il ne l'était réellement, car au moins un pied de pales à vis était hors de portée. l'eau, et le glissement ou la perte de puissance était bien sûr très important. Au large des Cornouailles, la houle l'a fait rouler très considérablement, tant qu'il était à travers la longue houle.

Peu de temps après, un petit brick a été aperçu juste sous la proue tribord. Comme d'habitude avec ces petits caboteurs, il ne montrait aucune lumière et ne faisait aucune veille, et sans la vigilance anxieuse exercée à bord du gros navire, le brick aurait été sous les vagues en deux minutes de plus. Son évasion était assez étroite, et rien de moins que l'arrêt instantané des moteurs et l'inversion de la vis ne l'ont sauvé d'une destruction rapide. Elle dérivait sous la pagaie tribord à moins de vingt mètres, assez près pour permettre au capitaine Harrison de parler à son maître et d'exprimer une opinion très arrêtée sur son style de navigation et sa conduite en général.

Vers la fin du voyage, toutes les voiles avant et arrière étaient déployées. L'aspect de sa vaste étendue de toile et l'effet extraordinaire qu'elle produisait, quand on se tenait à la timonerie et regardait sous la longue vue des voiles brunes tendues à l'extrême et envoyant le vent avec le rugissement soutenu d'un volcan , était quelque chose de presque indescriptible. Aucune simple description ne pourrait donner une idée juste de l'effet curieux de la longue avenue ininterrompue de mâts, de voiles et de cheminées, — comme une rue entière de bateaux à vapeur, si un tel terme est assez applicable.

Le rythme de déplacement tout au long du voyage a été très satisfaisant. Compte tenu du manque d'assiette du navire et, par conséquent, de l'absence d'immersion dans l'hélice et les pales, il a été calculé à partir de ces données, par toutes les autorités nautiques du bord, que, en bon état, le navire pourrait dépendre à dix-huit milles à l'heure pendant un long voyage, et uniquement à la vapeur. Il n'y avait aucune raison de douter que, dans une brise forte et favorable , il parvenait parfois à atteindre dix-huit nœuds, soit plus de vingt et un milles à l'heure.

Parmi les autres épreuves auxquelles le *Great Eastern* fut soumis, il y eut la terrible tempête des 25 et 26 octobre de la même année (1859), au cours de laquelle la *Charte royale* tomba. Elle a jeté l'ancre dans le port de Holyhead pendant cette tempête. Le vent était si violent qu'une grande partie du brise-lames fut détruite et plusieurs navires tombèrent à l'intérieur du port , tandis que d'autres furent rejetés à terre. Pendant une heure, le grand navire fut aussi proche de la destruction qu'il ne pourrait jamais l'être. Son salut, sous Dieu, était dû à l'expérience et à l'énergie du capitaine Harrison et de ses officiers. Pendant tout le coup de vent, le capitaine était aux aguets, sondant le plomb pour voir s'il traînait, et gardant la vapeur en place pour être prêt à prendre la mer à tout moment. Le vent rugissait et sifflait à travers les agrès avec une fureur indescriptible. Le capitaine, en essayant de passer sur le pont, fut renversé et son manteau imperméable fut réduit en morceaux. Les lucarnes des cabines s'ouvrirent avec un fracas effrayant, les vitres se brisèrent et des déluges de pluie et d'embruns se déversèrent dans les salons. Deux ancres étaient jetées, l'une de sept tonnes, l'autre trois, avec respectivement quatre-vingt et soixante brasses de chaîne ; mais on savait que le terrain était mauvais et la rive sous le vent rocheuse, tandis que les vagues arrivaient en boucle et se tordaient dans le port , tendant les câbles à l'extrême et se précipitant contre les rochers comme des avalanches de neige. Le fracas de ces vagues sur le brise-lames était comme le rugissement de l'artillerie. Pendant tout ce temps, le feu rouge au bout du brise-lames brillait gaiement au milieu d'un tourbillon d'embruns. Enfin, des masses de charpente et de maçonnerie solide cédèrent. Le vent atteignit son paroxysme et une énorme vague arriva ; il dominait le brise-lames ; il est tombé, et le feu rouge n'a plus été vu. Le danger était désormais imminent. Les câbles n'en pouvaient évidemment plus, et le vent augmentait ; la vis fut donc mise en marche, mais l'épave de bois du brise-lames l'encrassa et l'amena dans une impasse. Puis le vent tourna davantage vers le nord-est, envoyant une formidable houle dans le port , et le *Great Eastern* commença à rouler lourdement. Dans cette extrémité, les moteurs à aubes furent mis en marche, et le navire fut amené à ses ancres, dont l'une fut levée pour être jetée dans une meilleure position. À ce moment, le câble de l'autre ancre se rompit, et le grand navire dérivait rapidement vers ce qui semblait une destruction certaine ; mais la lourde ancre fut larguée et les moteurs tournèrent à plein régime. Elle tourna tête au vent et fut relevée. Ce fut le tournant. Le vent s'apaisa lentement et le *Great Eastern* fut sauvé, tandis que tout autour de lui les rivages et le port étaient jonchés d'épaves.

Après le coup de vent, le *Great Eastern* a commencé son voyage de retour vers Southampton, qu'il a atteint en toute sécurité le matin du 3 novembre. Dans cette expérience, comme dans ses expériences précédentes, le puissant navire a été bien testé, et ses bons et ses mauvais points ont été prouvés dans une certaine mesure. Dès le début, le mécanisme à vapeur qui aidait au levage des ancres tomba en panne, et l'une des ancres refusant de lâcher prise fut brisée en deux. Le condenseur des moteurs à aubes semble s'être révélé trop petit lors de ce voyage. Pendant quelque temps , il avança contre un vent contraire et une mer raide – ce qui est maintenant bien connu pour être le point fort du grand navire – avec une parfaite stabilité ; mais en entrant dans le chenal, il roula lentement mais résolument, comme pour s'incliner, reconnaissant majestueusement la puissance de la véritable houle de l'Atlantique. Ici aussi, une vague a dépassé sa coque imposante et a envoyé une masse d' eau *verte* à l'intérieur ! Mais son rôle était particulièrement le sien et merveilleusement facile.

Le navire faisait dix-huit nœuds à l'heure. Elle était parfaitement maîtrisée, même dans les voies étroites et compliquées, et, malgré ses diverses mésaventures et épreuves, traversa avec honneur cette période orageuse de son enfance.

Catastrophe du « Great Eastern » en septembre 1861. — Après avoir effectué trois voyages réussis en Amérique, le Great Eastern, après tous ses ennuis, commençait à asseoir sa réputation, à confirmer les espoirs de ses amis et à faire taire les chicanes de ses ennemis, lorsque la mauvaise fortune qui lui a été réservée dès le berceau l'a de nouveau accablée et a ébranlé, sinon complètement détruit, la confiance dans ses capacités que le public avait tardivement commencé à entretenir.

Il n'y a rien de plus difficile à déterminer que l'état véritable de l'affaire – en ce qui concerne la culpabilité, les circonstances accidentelles, la faiblesse inhérente ou accidentelle, la négligence, les risques inévitables, etc. – dans un désastre comme celui qui est arrivé au grand navire en septembre 2017. 1861. Et rien ne pourrait être plus injuste que de la juger sans une connaissance complète des moindres détails et, de plus, une assez bonne capacité de comprendre ces détails et leurs diverses relations. Avant de passer au récit de l'événement évoqué, nous pouvons remarquer que si, d'une part, on peut affirmer, avec une grande plausibilité, que ses nombreux désastres et malheurs prouvent qu'il est impropre à la navigation sur mer, il On peut, d'autre part, affirmer, avec la même plausibilité, que le fait même qu'elle ait traversé des épreuves aussi effroyables, invaincue, bien que secouée, constitue une preuve présomptive solide qu'elle est éminemment adaptée à son travail et que, dans des circonstances ordinaires. et *une bonne* gestion, elle le ferait bien. On pense que tout autre navire à flot aurait été coulé s'il avait été exposé à la même tempête *dans des circonstances similaires* . Il faut garder à l'esprit que, même si d'autres navires ont résisté avec succès à la même tempête, ils n'y sont pas parvenus sans leur gouvernail et leurs poteaux de gouvernail disparus, sans leurs capitaines et une partie de leur équipage nouveaux pour eux, ni avec leurs câbles de chaîne, leur mobilier de cabine, et d'autres matériels laissés aussi non sécurisés que s'il s'agissait d'un bateau à vapeur sur le point de partir pour un voyage de quelques heures.

Le mardi 10 septembre, le *Great Eastern* a quitté Liverpool pour l'Amérique avec 400 passagers et une grande cargaison générale, mais pas pleine. Entre 100 et 200 passagers occupaient les couchettes des cabines principales ; le reste d'entre eux occupaient les cabines intermédiaires et de direction.

Tout se passa prospèrement jusqu'au jeudi où, alors que le navire était à toute vapeur et en pleine voile, il rencontra un terrible vent à environ 280 milles à l'ouest de Cape Clear et, malgré les meilleurs matelotages, il ne parvint pas à franchir la frontière. tempête qui, avec une fureur formidable, emporta ses deux pagaies. Simultanément, le sommet du poteau de gouvernail, une barre de fer de dix pouces de diamètre, fut soudainement arraché, et son appareil à gouverner étant également emporté, il s'approcha et resta comme une énorme bûche dans le creux de la mer. Du jeudi soir jusqu'à deux heures du dimanche, ses pavois touchant presque l'eau, il roulait comme une carcasse désemparée, les passagers et l'équipage s'attendant à ce qu'il coule à chaque instant. Le mouvement et le roulis du navire, dans un instant d'effroi, déplacèrent et détruisirent tous les meubles de la cabine et des salons, et les brisèrent en morceaux, jetant les passagers pêle-mêle dans la cabine. Tout ce qui occupait le pont supérieur a été emporté par les eaux, et une grande partie des bagages des passagers a été détruite. Entre vingt et trente personnes à bord, dont plusieurs dames, avaient des membres et des côtes fracturés, avec de nombreuses coupures et contusions. L'une des étables, avec deux vaches à l'intérieur, fut rejetée dans la cabine des dames avec d'autres objets à bord, ce qui provoqua une consternation et une confusion indescriptibles.

Dimanche soir, après deux jours de suspense terrible, un appareil à gouverner temporaire a été installé et le navire désemparé avec son équipage en détresse s'est dirigé vers le port de Cork , naviguant avec son hélice à neuf nœuds à l'heure. Son pavillon de détresse a été aperçu mardi vers trois heures de l'après-midi, au large du Old Head de Kinsale, et le navire HM *Advice* s'est immédiatement porté à son secours et l'a remorqué jusqu'à moins d'un mile du phare au large du port de Cork par vers neuf heures.

Tel est le aperçu général de ce désastre, qui est d'autant plus remarquable que le navire n'avait été inspecté que récemment par les officiers du département maritime du Board of Trade, lorsque de nouveaux ponts et d'autres exigences avaient été exécutés. et achevé au coût de 15 000 livres.

La scène de la tempête dans le grand salon, telle que décrite en détail par différents passagers, était absolument époustouflante. Aucun meuble n'avait été sécurisé, et lorsque le vent devint violent et que le roulis du navire augmenta, les buffets, les tables, les chaises, les tabourets, la vaisselle, les canapés et les passagers furent projetés avec une violence effrayante d'un côté à l'autre en un tas confus. Lorsqu'on dit qu'à chaque tonneau la plate-forme supérieure des caisses à aubes plongeait dans la mer, quiconque a vu les imposants flancs du *Great Eastern* peut se faire une idée de l'angle des ponts et de l'émeute d'articles détachés qui continué en bas pendant la plus grande partie du coup de vent. La destruction était universelle. Le plus grand miroir du grand salon, qui mesurait environ douze pieds de haut, fut brisé en morceaux par un gentleman qui y pénétra tête baissée. Bien que très meurtri et coupé, il est étrange de dire qu'il n'a pas été gravement blessé. Les lustres tombaient du plafond, et les fracas qu'ils produisaient en tombant ajoutaient au vacarme général. L'un des autres miroirs a été brisé par un gros poêle. Quelques-uns des passagers qui s'échappaient de la salle à manger se précipitèrent contre les balcons de fer, qui cédèrent sous la pression, et tombant sur le plancher de verre sur les côtés, le réduisirent en atomes. Le bruit et l'agitation de la destruction en bas, ainsi que le hurlement de la tempête au-dessus et les jets d'embruns sur les ponts, d'où ils coulaient en jets abondants jusqu'aux cabines, formaient une scène qui ne peut être pleinement conçue que par ceux qui en ont été témoins. .

Sur le pont, la confusion était également grande et destructrice. De nombreux bateaux ont été emportés. Les gros câbles de chaîne roulaient d'un côté à l'autre, jusqu'à être effectivement polis par le frottement, alors qu'ils constituaient une source de danger perpétuel pour l'équipage dans l'exercice de ses fonctions. Les réservoirs d'huile se sont détachés et, après avoir basculé pendant un certain temps, sont tombés par l'écoutille supérieure. Et les deux vaches qui tombèrent avec leur étable dans la cabane des dames furent tuées par la violence du choc. Le chef cuisinier fut projeté contre une des caisses à aubes, et, après avoir tendu la main pour se sauver, eut une entorse au poignet. Il a ensuite été projeté de l'autre côté et, heurtant un poteau sur le chemin, il a eu la jambe fracturée en trois endroits. Une dame avait une côte fracturée ; un autre, son épaule luxée ; un autre son poignet. Ce ne sont que des spécimens, sélectionnés pour montrer ce à quoi les pauvres gens ont été soumis. On dit qu'il y eut en tout vingt-deux fractures, parmi les passagers et l'équipage, outre d'innombrables coupures et contusions. Les cabanes furent inondées sur plusieurs pieds de profondeur et des meubles brisés flottaient partout. Les bagages de la consigne, qui n'avaient pas été sécurisés, furent projetés partout, jusqu'à ce que les malles, boîtes, valises, etc., heurtant les uns contre les autres et contre les parois du compartiment, soient complètement détruits - le cuir même des malles. étant déchiré en petits lambeaux.

Durant toute cette scène terrible, les passagers se sont comportés, à une ou deux exceptions près, d'une manière admirable. Les dames surtout déployèrent un grand courage : elles restèrent, selon les désirs qui leur étaient exprimés, dans leurs cabines ; tandis que les messieurs faisaient de leur mieux pour maintenir l'ordre. Le vendredi, ils nommèrent une sorte de comité ou de police, composé de plus de vingt hommes, qui se chargeaient tour à tour de faire le tour du navire, de maintenir l'ordre, de porter des renseignements et de rassurer les dames et les enfants. Quatre seulement d'entre eux, appelés directeurs, eurent le privilège de parler au capitaine pendant la tempête, lui évitant ainsi les ennuis d'interrogations répétées et incessantes.

L'équipage a également fait noblement son devoir. Le capitaine Walker a agi tout au long avec calme, courage et bon jugement ; et d'après la teneur des résolutions adoptées lors d'une réunion d'indignation tenue par les passagers après leur retour au port, il semblerait qu'elles l'ont entièrement exonéré de tout blâme en référence au désastre. L'installation d'un appareil à gouverner temporaire, qui a commencé le dimanche lorsque la tempête s'est calmée, a été un travail très difficile et dangereux. Cela a été accompli principalement grâce au courage et à l'intelligence de deux hommes – John Carroll et Patrick Grant – qui se sont portés volontaires pour le faire et ont été abandonnés par-dessus la poupe au péril imminent de leur vie ; et un gentleman américain, M. Towle, ingénieur civil, a apporté une grande aide dans la surveillance et la direction des travaux.

Ce n'est qu'à deux heures du matin dimanche que le navire prit de la vapeur dans ses chaudières à vis et se dirigea vers le port de Cork . Toute la ferronnerie des deux roues à aubes fut entièrement emportée. L'échelle menant au paddle-box bâbord était tordue d'une manière extraordinaire. Les bateaux du côté tribord avaient tous disparu et ceux de l'autre côté pendaient lâchement à leurs attaches. Dans l'ensemble, le grand navire présentait un spectacle des plus mélancoliques alors qu'il était remorqué jusqu'au port.

Lors de la réunion des passagers déjà mentionnée, la première résolution exprimait leurs remerciements envers Dieu Tout-Puissant pour son aimable soin en les protégeant pendant la tempête et en les mettant en sécurité hors de leur danger. Le second condamnait les directeurs et déclarait que « le *Great Eastern* a été envoyé en mer sans aucune préparation pour affronter les tempêtes que tout le monde doit s'attendre à rencontrer en traversant l'Atlantique ; et que, sans la force extraordinaire de la coque et l'habileté qui s'est manifestée dans la construction du navire et de ses moteurs, selon toute probabilité humaine, chaque âmc à bord aurait péri.

On a dit que si le navire avait été plus chargé, il aurait résisté plus facilement au vent. Si cela est vrai, c'est un argument en sa faveur . Mais en considérant l'ensemble des circonstances de ce désastre et des désastres précédents, nous ne pouvons éviter d'être profondément impressionnés par le fait que le *Great Eastern n'avait pas jusqu'alors fait preuve de fair-play* . Dans sa construction et dans ses dispositions générales, il y a eu quelques erreurs graves et de nombreuses erreurs plus ou moins insignifiantes. Du début à la fin, il y a eu beaucoup de mauvaise gestion flagrante ; mais le *Great Eastern* ne peut pas, à juste titre, être considéré comme un échec. Dernièrement, elle a rendu de bons services en posant des câbles télégraphiques océaniques, genre de travail pour lequel elle est éminemment bien adaptée. Il est possible qu'elle puisse encore survivre à bien des tempêtes sauvages de l'Atlantique, et peut-être devenir la première d'une race de géants pesants qui parcourront encore les profondeurs, - au grand désarroi des courbines timides, et pour l'immense avantage de le monde.

Chapitre quinze.

Artisanat curieux de nombreux pays.

« Beaucoup d'hommes, beaucoup d'esprits », dit le proverbe. « De nombreuses nations, de nombreux navires » est presque également vrai. Une nation peut montrer son individualité dans la façon de son architecture marine autant que dans toute autre direction, comme, par exemple, dans son costume national, ses maisons d'habitation, sa nourriture, ses divertissements ; et un ethnologue, lorsqu'il étudie les caractéristiques d'un peuple, ferait bien de ne pas négliger ses navires et ses bateaux.

Même en Europe, où l' on peut supposer qu'une civilisation avancée est en train d'atténuer lentement les caractéristiques et les particularités nationales et de mélanger et fusionner progressivement les diverses coutumes nationales, il existe encore une disparité considérable dans l'architecture marine des différents États ; tandis qu'entre les navires d'Europe et ceux de certaines régions d'Asie, le gouffre est certainement assez large, de sorte que le seul point de ressemblance entre un cuirassé anglais et une jonque chinoise est que tous deux sont manifestement mieux adaptés à la mer qu'à la terre. . Nous proposons maintenant de décrire quelques-uns des métiers les plus curieux et particuliers à diverses nations, à commencer par l'Europe :

La galiote hollandaise est un métier quelque peu particulier aux yeux d'un Anglais ; lourd et encombrant, sans aucun doute, mais néanmoins un bon bateau de mer. La galiote est à peu près la même, que l'on la regarde de la proue ou de la poupe, les deux étant presque également arrondies. Keel, elle n'en a presque pas ; ses planchers sont plats, sa coque large et profonde et son gouvernail très large. Une grande planche sous le vent est accrochée de chaque côté pour l'empêcher de prendre trop de marge. Sa coque est vernie d'une couleur jaune vif , et brille au soleil. Ses remparts sont élevés ; et une maison en bois est placée à l'arrière, où vivent le capitaine et sa famille, et qui est toujours peinte de couleurs vives. Cette partie du navire est un endroit remarquablement confortable, confortablement meublé et entretenu avec la propreté et la propreté typiques des Pays-Bas. À l'avant se trouve le fourgon de queue de l'équipage, une érection large, basse mais spacieuse.

La galiote est gréée de voiles carrées sur son grand mât, d'une grand-voile avant et arrière, d'un artimon aurique et de huniers aurique d'artimon et d'un bout-dehors haut. Ses voiles sont tantôt blanches, tantôt bronzées. Si le lecteur a déjà eu la chance d'entrer dans le port de Rotterdam, il aura rencontré de nombreux exemples du bateau que nous décrivons ; et s'il n'approuvait pas ou n'admirait pas entièrement leur forme, il devait au moins avoir été frappé par leur propreté et leur éclat remarquables. Une galiote hollandaise peut peser cinquante, quatre-vingts ou même cent cinquante tonnes . Lorsque les Néerlandais construisent des navires d'une taille plus grande que celle-ci, ils le font selon des principes très similaires à ceux des navires marchands anglais, bien qu'ils soient généralement un peu plus larges et plus bluffants.

Au large des côtes du Portugal, nous rencontrons de nombreux types de bateaux différents, parmi lesquels les goélettes de commerce diffèrent de presque tous les autres types de navires. Larges en faisceau et courts en comptoir, certains sont arrondis au niveau de la tige, d'autres presque carrés. Ils sont pontés et pèsent de quarante à cent tonnes. Ils sont gréés de manière particulière, n'ayant que des mâts inférieurs étagés à des angles différents. Les gaffes de la voile d'avant, ainsi que la grand-voile, peuvent être relevées à différentes hauteurs. Ils ont une trinquette, un foc et un foc volant, des huniers auriques, une grande voile carrée et des huniers carrés. Dans l'ensemble, ce sont des engins extrêmement disgracieux ; mais ce sont des bateaux de mer très capables et qui font des voyages jusqu'en Amérique du Sud.

M. WHG Kingston donne une description graphique d'un artisanat portugais que nous n'avons jamais eu la chance de voir. Il l'appelle la cosse de haricot de Lisbonne, à cause de sa ressemblance exacte avec ce légume, et affirme que c'est le plus curieux des métiers européens, ce que nous pouvons facilement croire. « Prenez une cosse de haricot bien cultivée, dit-il, et placez-la sur son bord convexe, puis placez deux petits bâtons, un au centre et un à la proue, en ratissant vers l'avant, pour les mâts, et un autre en avant. la proue relevée pour le bout-dehors, et une autre à l'arrière pour le bout-dehors ou le tangon, et alors vous avez devant vous le bateau en question. Ces bateaux portent une voile latine, naviguent très vite et sont très utilisés sur les eaux du Tage comme bateaux de pêche et chalutiers.

D'autres embarcations curieuses que l'on rencontre en Europe sont la scamaria et la felouque de la Méditerranée, le mystique grec et le trabacalo de l'Adriatique. La gondole, que peut-être rien de ce qui flotte sur les eaux ne suggère des associations plus romantiques et plus poétiques, est si familière à tout le monde grâce aux images et a si souvent été introduite dans les histoires, les chansons et les récits de voyage, que nous allons ne prenez pas le temps de le décrire.

En passant de l'Europe à l'Afrique, on note parmi les embarcations particulières à ce pays le diabiah ou bateau du Nil, bateau de voyage très confortable pour les climats chauds. C'est un grand bateau, et contient une maison à une extrémité, dans laquelle les passagers dorment la nuit ou se réfugient pendant la journée contre la chaleur féroce du soleil.

En Asie, on rencontre une grande variété de vaisseaux et de bateaux de formes et de dimensions diverses, qui nous transporteraient tous bien au-delà de l'espace dont nous disposons. Le boutre des Arabes mesure de soixante à cent tonnes, est presque entièrement ouvert et possède une proue pointue et pointue qui dépasse de la coque sur une distance considérable. Sur la poupe haute et large est placée une dunette couverte, contenant les quartiers du capitaine et des passagers. La poupe est généralement ornée de sculptures, comme l'étaient autrefois les navires anglais. Le boutre ne porte qu'une seule voile, de forme latine, et le mât s'incline vers l'avant selon un angle aigu. Il n'est pas rare que ces embarcations soient engagées dans le infâme trafic d'esclaves qui se déroule sur la côte est de l'Afrique.

Le catamaran de Madras ne peut être appelé qu'un bateau selon le principe *lucus a non lucendo* , car il est constitué simplement de trois rondins placés côte à côte, pointés à l'avant, et maintenus ensemble par deux traverses. Pourtant ce radeau grossier rend de bons services à sa manière, étant le seul moyen de communication par gros temps entre les navires stationnant au large de Madras et le rivage ; car il n'y a pas de quais à Madras, et les navires sont obligés de jeter l'ancre au large. Quand la mer est si haute que les bateaux ordinaires deviennent inutiles, on fait volontiers appel aux services des catamarans.

Les bateliers indigènes, assis sur leurs radeaux en rondins et entièrement nus, se frayent un chemin à travers les vagues les plus agitées jusqu'aux navires, transportant des messages vers et depuis la terre. Le rameur propulse son bateau avec une pagaie assez longue. Parfois, il est emporté par son catamaran dans la mer ; mais étant un nageur expert, il récupère généralement son siège sans trop de peine, et il arrive rarement qu'un de ces hommes se noie.

Nous avons parlé un peu en arrière des caractéristiques nationales d'un peuple qui se retrouvent dans son architecture marine ainsi que dans d'autres choses, et cette affirmation trouve sûrement une illustration abondante dans l'artisanat des Chinois. En Chine, nous trouvons un peuple extrêmement

CHINESE BOATS AND SHIPS.

conservateur, et son penchant national est sans aucun doute indiqué dans ses navires, qui, selon toute probabilité, n'ont pas changé d'un point de vue matériel depuis des siècles. Un Chinois serait aussi lent à changer la forme de ses affaires que ses chaussures ou la longueur de sa queue de cochon. Et un look étrange, suranné et semi-barbare qu'a une jonque chinoise.

Les jonques chinoises varient considérablement en taille, mais présentent toutes le même type d'architecture. Les voiles dans tous les cas sont en natte jaune brunâtre, enroulées sur le mât comme une grand-voile, et comportant des morceaux de bambou placés en croix et parallèles les uns aux autres, ce qui les fait ressembler un peu à des stores vénitiens. Ces lattes de bois à la fois renforcent la voile et facilitent sa prise de ris une fois abaissée.

Une grosse jonque chinoise s'élève hors de l'eau ; il y a deux ponts ou plus à l'arrière au-dessus du pont principal, peints et sculptés avec divers dispositifs ; et les cabines sont souvent luxueusement meublées selon les goûts célestes. Si vous regardez n'importe quelle représentation d'une jonque, vous remarquerez que le gouvernail est très large, ressemblant un peu au gouvernail d'une barge fluviale. Malgré son aspect primitif, il a quand même quelque chose de pittoresque ; mais nous pensons que nous préférerions le contempler en tableau plutôt que de traverser l'Atlantique en bateau.

Sur le pont d'une jonque se trouve toujours une maison d'encens ou un temple, devant lequel l'équipage fait brûler continuellement de l'encens, des bâtons et du papier parfumé. Lorsqu'un calme s'abat sur un navire anglais, les marins et les passagers sont toujours censés essayer ce que le « sifflement du vent » fera . Au lieu de cette méthode consistant à « lever le vent », un marin chinois façonne de petites jonques en papier et les met à flot sur l'eau en guise de service propitiatoire rendu à la divinité qui a le soin particulier du bien-être des marins.

La vie fluviale de la Chine est très curieuse. Une assez grande partie de la population passe toute sa vie sur l'eau, tandis que beaucoup de ceux qui travaillent pendant la journée à terre dorment dans des bateaux sur les différentes rivières. Cet état de choses correspond dans une certaine mesure à celui décrit par le capitaine Marryat dans cette belle vieille histoire « Jacob Faithful », dans les premiers chapitres de laquelle nous avons des aperçus divertissants de la vie à bord d'un briquet de la Tamise. Mais la population fluviale de Chine a encore un mode de vie plus absolument aquatique que celui des barges de la Tamise. Les bateaux dans lesquels vit cette classe de population ont un auvent en bambou et des nattes à l'avant et à l'arrière, qui sont enlevées le jour et relevées la nuit. Au coucher du soleil, les boat-people ancrent leurs embarcations en rangées sur des piquets, formant ainsi pour ainsi dire des terrasses pour bateaux. Lorsque les affaires ralentissent dans une partie du fleuve, le capitaine du bateau se déplace en amont ou en aval vers une autre partie. En raison de la forme de ces bateaux, qui ressemble un peu à la moitié d'un œuf coupé dans le sens de la longueur, on les appelle en chinois « bateaux-œufs ». Une famille nombreuse s'entasse parfois dans un bateau à œufs ne dépassant pas douze pieds de long et six de large .

Ces gens du fleuve ont des caractéristiques qui en font presque un peuple à part. Ils ont un code de lois qui leur est propre, différent sur de nombreux points de celui qui régit la communauté foncière, et les deux populations ne se marient pas entre elles. Dans une large mesure, les femmes naviguent sur les bateaux-œufs, comme elles le font d'ailleurs sur de nombreux autres types de bateaux en Chine. Les voyageurs rapportent que ces familles riveraines mènent une vie paisible et heureuse, rarement perturbée par des conflits de quelque nature que ce soit. Peut-être qu'une des causes de cela pourrait être celle qu'un humoriste a suggérée comme étant la raison pour laquelle « les oiseaux dans leurs petits nids s'accordent », à savoir parce qu'il serait dangereux qu'ils « se perdent ». Mais, sérieusement, le fait qu'ils puissent mener une existence si heureuse dans les limites étroites de leurs bateaux-œufs en dit long sur la nature placide de ces gens du fleuve chinois.

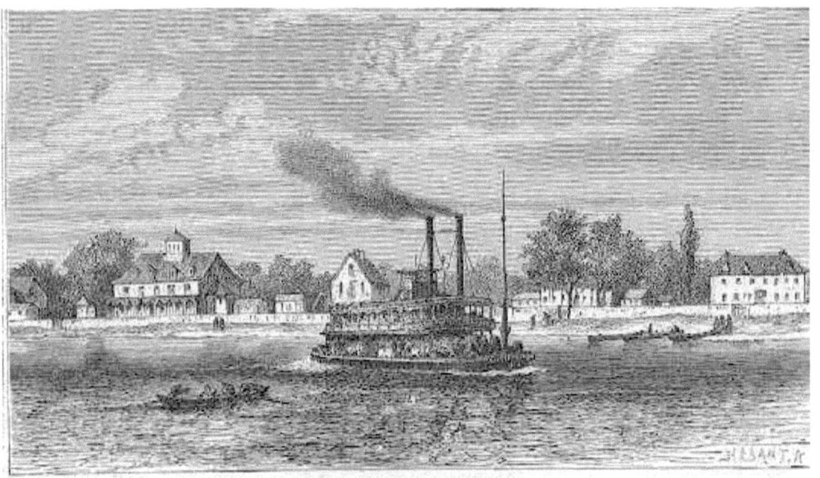

Passant à l'Amérique, nous décrirons d'abord les célèbres bateaux à vapeur fluviaux américains et canadiens, qui sont à bien des égards aussi curieux et uniques que généralement magnifiques. Ces bateaux à vapeur sont généralement des bateaux à aubes ; sont de forme très longue et étroite, mais d'une grande résistance. Sur la coque est construite une sorte de plate-forme élevée, qui est divisée en ce qu'on peut appeler le pont central et le pont principal, l'un au-dessus de l'autre. À l'avant et à l'arrière se trouve un salon spacieux, luxueusement aménagé et richement décoré, recouvert d'une verrière.

De chaque côté du carré se trouvent les cabines, chacune contenant deux couchettes. Ces cabines, tout comme le carré, sont joliment meublées et décorées avec goût. Au-dessus du salon se trouve un autre pont ou plate-forme (la structure entière, comme le montre notre illustration, est en grande partie « pontée »), à peu près au milieu du navire et devant l'entonnoir. Ici se trouve la roue, et ici aussi le capitaine et les officiers prennent position. Cette partie du navire leur reste privée, aucun passager n'étant autorisé à y entrer.

Sous le pont-salon se trouve le pont intermédiaire, comme cela a déjà été indiqué, qui contient également son propre salon, ainsi que des appartements pour dormir. Cette partie du paquebot est généralement réservée aux dames célibataires parmi les passagers qui, comme tous les lecteurs de littérature américaine doivent le savoir, sont traitées en Amérique avec une courtoisie et une considération presque chevaleresques.

La salle à manger du navire est située sur un troisième pont, le plus bas, qui s'étend du milieu du bateau juste à l'arrière, et constitue une pièce bien éclairée et bien agencée.

La cargaison est placée au milieu du navire, entassée en gros tas — les bateaux à passagers transportent rarement ou jamais de lourdes marchandises. La passion des Américains pour l'économie de temps se manifeste dans les bateaux à vapeur comme partout ailleurs, la plupart d'entre eux transportant un barbier, qui vous accueillera avec un « rasage facile » pendant le voyage. Le salon de coiffure est en avant avec les quartiers du cuisinier et d'autres bureaux. Les bateaux fluviaux américains peuvent évidemment varier dans les détails, mais nous nous sommes efforcés d'indiquer les principales caractéristiques d'un exemple typique. Les histoires courantes sur la facilité avec laquelle un bateau à vapeur américain explose ont été très exagérées, mais il est néanmoins probablement vrai qu'elles portent le signal d'alarme dans cette direction de risque et de danger.

De tous les bateaux de l'ordre des canoës, le proa volant du Pacifique est le plus rapide. Il porte une voile de forme presque triangulaire, et une vergue droite. Il a un stabilisateur ; et le balancier, le mât et la vergue sont en bambou. Des nattes solides composent la voile, qui est tendue très à plat sur la vergue. Lorsque l'équipage veut faire naviguer son bateau, il lui suffit de déplacer la voile, lorsque ce qui était avant la proue du proa devient la poupe. Ces bateaux sont généralement pilotés par un équipage d'environ une demi-douzaine. Un homme est assis à chaque extrémité du navire et prend la barre à son tour selon le bord du canot. Le devoir des autres est de renflouer le bateau et de garder la voile correctement réglée.

Rien à flot, probablement, ne peut s'approcher aussi près du vent que le proa volant, alors que sa vitesse est étonnante. Les Malais utilisent le proa, mais leur bateau est plus large, plus lourd et moins rapide que celui dont se servent les insulaires Ladrone du Pacifique, qui est celui que nous venons de décrire.

Les pirogues des Fidjiens sont supérieures à celles utilisées par tous les autres insulaires des mers du Sud. Leur particularité principale est d'être des canots jumelés, réunis par des traverses, qui supportent une plate-forme de douze à quinze pieds de large. Des deux canots, l'un est plus petit que l'autre, et le plus petit sert de balancier. Ces canots mesurent parfois cent pieds de long et leur profondeur est ordinairement d'environ sept pieds. Parfois, une petite cabane est construite sur la plate-forme. Le mât mesure environ trente pieds de long, est soutenu par des haubans et est muni d'une vergue portant une grande voile. Il y a de petites écoutilles aux deux extrémités de l'embarcation, à chacune desquelles un membre de l'équipage est assis, prêt à renflouer le bateau. Les pirogues fidjiennes peuvent également être propulsées au moyen du godille, le godille utilisant un godille à large lame d'environ dix pieds de long. Un grand canot peut naviguer sur l'eau à une vitesse de deux ou trois milles à l'heure en godille.

Diverses expériences ont été faites de temps en temps sur la manière de construire des bateaux et des navires à double coque, le but étant d'obtenir une stabilité accrue et de réduire ainsi au minimum le roulis et le tangage des navires ordinaires. Le bateau à vapeur Castalia constituait une tentative ambitieuse dans ce sens. Il a été construit pour le service passagers entre l'Angleterre et la France. Mais elle n'a pas réalisé les attentes formées à son égard.

La plupart des personnes qui ont traversé de Douvres à Calais, ou vice versa, par le courrier Calais- Douvre , témoigneront à la fois du confort et de la rapidité de ce navire. Jusqu'à présent, il s'est révélé être la forme de bateau à vapeur la plus parfaite jamais construite pour l'usage requis. Le Calais- Douvre est construit à peu près sur le même principe que le Castalia, mais diffère de ce navire en ce que, alors que ce dernier était deux demi-navires réunis, chaque partie jumelle du Calais- Douvre est un navire parfait en soi. Le résultat a été que, tandis que le Castalia était un échec, le Calais- Douvre s'est avéré un net succès. Elle a trois cents pieds de longueur et soixante pieds de largeur ; son tonnage est de deux mille et son tirant d'eau de six pieds seulement, de sorte qu'il peut entrer dans le port de Calais même à marée basse. Deux cloisons transversales en poutres de fer réunissent les deux coques du navire ; et son appareil de direction est si simple et en même temps si efficace dans sa construction, qu'une seule roue suffit généralement pour le faire fonctionner. Elle fait habituellement le trajet de Douvres à Calais en une heure et demie ; mais par un temps très beau, nous avons nous-mêmes traversé en moins de temps. Avec la vitesse maximale, le Calais- Douvre a atteint le minimum de tangage et de roulis encore sécurisé par n'importe quel bateau de la Manche. Ses salons, cabines et ponts sont spacieux et joliment aménagés, de sorte que le passage de la Manche à bord de ce navire s'effectue dans des conditions aussi favorables aux mauvais marins que n'importe quel passage maritime.